沖縄空手の学び方

瞬撃の哲理——

著・横山和正
Kazumasa Yokoyama

日貿出版社

本書を空手を信じるすべての人に捧ぐ。

はじめに

本著がようやくカタチになり始めた2017年の初頭、突然に体の変調を覚えました。

本当に何の前触れもなく訪れた症状は、悪性進行癌という厄介な病との出会いを告げるものでした。

医師からその現実を告げられた際、よく言われる「目の前が真っ暗になる」「不安に陥る」などの思いはまったくなく、これまで人生というゴールの見えないマラソンコースをひたすら走り続けた果てに、

「やっとゴールの一片が見えた」

という不思議な安堵感と、

「まずい、時間がない」

という思いが去来しました。

私の心中に見えたゴールのひとつに本書の制作がありました。

思えば2014年、日貿出版社の下村敦夫氏との会合から、後に同

氏が編集を務めるＷＥＢマガジン　コ２【kotsu】での連載「瞬撃手が解く、沖縄空手『基本の解明』」が始まりました。

これまでもこうした著作活動を数多くこなしてきた私は、その都度自分のすべてを打ち込んで仕事に向き合うことを信条としてきました。ただ、残念なことに私の力不足からか、あるいはその時のニーズに合っていないためか、私の想いや姿勢を理解できない人もおり、その現実に歯痒さも感じてきました。

しかし、今連載については、これまでの空手人生で実感として得てきた自分自身の本意が、編集の下村氏の助けもあって確かな形になっている感触があり、楽しさと手応えを感じていました。

そんな充実していた連載がいよいよ書籍として花開かんとする矢先に、私は突然、余命３カ月を言い渡されました。

生きる価値観が判らない、見出せないことは辛いことだと思います。しかし、私にはそうした苦い思い出はこれまでも、今もありません。それは紛れもなく空手との出会いと歩みがあったからです。

私にとって空手は、人生における非常に実践的かつ実用的な最も信頼のおけるパートナーであり、これまでもいかなる困難をもともに乗り越えてきました。

それだけに例えどの様に環境や状況が変わろうとも、私の伝えたい空手への思いに妥協はありません。

空手は本当に想像を絶するほど素晴らしい武道です。

それに生涯を捧げ、今こうして充実した作品の完成を迎え、情熱を注ぎこめたことに対して感謝と喜びのみです。

この本を通じて、私が学びともに歩んだ空手の世界を紐解いてゆこうと思います。

知るだけでは不十分　（Knowing is not enough.）
学びなさい　（You must learn.）
学ぶだけでは不十分　（Learning is not enough.）
実践しなさい　（You must apply.）

目次

第3章　正拳に関する考察　65

第4章　空手の手法「拳と貫手」　81

第5章　空手の蹴りと移動　103

第14章　稽古について　273

第15章　横山和正インタビュー　293

●折り込み
棒普及型（一）、サイ型、ナイハンチ初段

本書で掲載しているQRコードのリンク動画は、2018年5月現在、存在が確認されたものです。

動画を掲載しているyoutube（www.youtube.com）の規定や運営、著作権者の都合で視聴ができなくなることを予めご了承ください。

第0章

まだ未知の武道だった空手

一生涯学べる空手を求めて

私は団塊世代の始まりとも言える1958年に神奈川県にて生を受けました。まさしく世態は日本の高度成長期の真っ只中であり、日本中が有り余るエネルギーに満ち溢れた勢いを肌で感じて幼少期を過ごしたものです。そして、それはそのまま、〝男は強くあるべし〟といった日本男児の定義を土台に、戦後の悲惨なダメージから日本復権に努め勤勉、勤労に励む当時の日本の男の信念であったものです。

我々の祖父や父親達のガムシャラな働きが功を奏し、戦後から急速に今日の近代社会へと導くレールに乗り始めたこの時代に生を受けた私の空手人生は、こうした時代背景の影響を大きく受けたと言えるでしょう。

私が空手に出会ったのは小学生の頃です。

近所に住む大学生が、庭で巻き藁を叩く光景を目にしてから何となく不思議な魅力に取り憑かれて、彼に指導を受けたことが始まりでした。

何故道場ではなかったのか？　と言えば、当時の空手は現在の様に広く認知されたスポーツ・武道ではなく、〝野蛮な武術〟〝喧嘩の道具〟といったイメージが一般的であり、容易に道場を探すことも子供が入門する様なものではなかったのです。

そうしたこともあり、十分な空手の稽古ができなかった私は、仕方なく空手と並行して柔道の道場へも通いました。

これは今にして思うと大変ためになりました。何故なら柔道の様な組み技は相手の力や技を直接体感できるものであり、格闘技を行う上で必要な地力をつけるのに非常に優れた体系を持っているからです。

中学に上がると更に様々な道場を行脚し、最終的に自転車で1時間もかかる道場へ入門しました。

散々方々の道場を見学（とは言っても当時は道場すら見つからない時代でしたが）して、一番空手らしさを感じさせる道場へ入門しました。と言っても、当時は子供の部などがあるわけもなく、とにかく容赦ない大人の稽古に参加したこともあり、出血やひどい打ち身は当たり前の荒々しい稽古でした。しかし、そんななかでも〝これが空手の稽古なんだ〟と痛みを感じる度に稽古の充実感を味わってもいました。

当時の空手は現代のようにスポーツという認識は皆無であり、ましてや空手を通して身体操作、極意、健康などの習得を目指すというアイデアもなく、ただひたすら〝強い人間や強くなることが必要な人間がより強さを求める場〟であり、また様々な意味で日々の生活のなかで腕力という意味で〝強いこと〟への現実的な需要が高い時代でした。

そうしたこともあり、道場ではただひたすら強くなるために必死で突き蹴りを打ち、力一杯相手に向かっていくというものでした。

ですから今思い返せば、随分乱暴で効率の悪い稽古だったとは思いますが、そうしたなかで揉まれるうちに、もともと運動神経には自信もあったことから、それなりに腕前も上がり、いつしか大人を相手にしても引けをとらないようになりました。

ところが、高校になるとそれまで学んだ空手に深い疑問を持ち始めました。

一応基本も型も組手も人並みにこなせる様になり、自信もついたものの、果たして

「これが一生涯を通じてできるものなのだろうか」

「その強さはキックボクシングとどう違うのだろうか」

というものでした。今考えてみると空手に対する期待と疑問、更にこれまでの道程が人生の全般を通じた主軸になり始めていたのでしょう。

そんなことを考えているうちに、「どうせ痛い思いをするなら試合で注目されるボクシングや国際スポーツであるアマレスリングの方が良いんじゃないか？」などと年頃の打算も顔を覗かせて、高校ではレスリング部に入部し、夜は空手道場かボクシングジムに通う毎日でした。

しかし、やはり私にはトランクスやユニフォームよりも空手着でした。

結局、私の空手に対する思いは消えずに、疑問を持ちながらも稽古を続けてゆく日々のなかで、どこかで知った中国武術の存在にも目を向けだしました。

幸い高校の同級生で隣席していた友人が香港からの留学生であり、拳法の経験者であったことや、ブルース・リーの出現、松田隆智氏の著書などの影響もあり、大学入試が早く終わったタイミングで、これまで疑問に思っていた空手の実体を解明するべく空手の源泉とも言われる中国武術を学びに台湾に渡ったのです。

台湾で気がついた、沖縄空手の重要性

台湾へは1年程前から各機関に手紙で連絡を取り続け、丁度頃良く返信が届いたのもその頃で

した。

それを機に台湾に八歩蟷螂拳の名手・衛笑堂老師を数回訪ねては指導を受け、そのなかで空手に対する明確な方向性が浮かび上がってきました。

衛老師の指導は私に漠然としたものながら、これまで私が学んできた空手に必要な図案を提供してくれたものでした。それは簡単に言えば、生死をかけて生き延びてきた武術家の、

「型の概念」

「戦いの概念」


というものでした。

私は日本に帰国後、直ちに沖縄空手の道場探しを開始しました。

これまで本土の空手を学んできた私は、台湾での衛老師の御指導のなかから、空手における別の理解を見出したのです。

それはこれまで信じていた組手を中心に据えた狭い概念の空手とは全く違う空手の可能性であり、それを会得するためには競技の概念を持たない古典の空手を学ぶ必要を感じていました。

それもただ漠然とではなく、沖縄首里手の代表である沖縄小林流の空手に修行を求めたのです。

その頃、東京で沖縄空手の道場を探すのは簡単なことではなく、結局は沖縄・九州の団体に連

絡を取り、そこからの紹介でようやく都内で小林流を稽古していたグループに合流できました。

初めてこれまでの空手とは異なった沖縄空手の修行を開始し、その道場で黒帯を取得したのを機にそのグループの先生の紹介を得て沖縄へ渡り、念願の仲里周五郎先生のご指導を受けることになりました。


沖縄での仲里先生のご指導は厳しく、現在言われている様な理論的な説明は一切なく、とにかく〝言われた通りに動く〟を第一に全力で基本・型・組手をやらされました。

これまでやってきたスポーツも皆苦しく、一生懸命こなしてきましたが、これほど気合を入れて自分の限界まで動いたのは初めてであったと言えるでしょう。それには、

「ここまで来て、人生を賭けてそれでも満足できないのなら、空手はやめよう」


という自分の選択への意地もありました。とにかく、文字通り倒れるまで型に打ち込み、強く握った拳の指爪が掌にめり込んだり、サイの取っ手についた滑り止めの紐が擦り切れてしまうほどでした。

特に先生の掛ける早い号令に体が追いつかず、それまでスピードには自信があった私がどんなに早く動いても満足に動くことはできませんでした。

1980年、沖縄での修行時代。

そうした稽古に当然体は悲鳴を上げ、強く歯を食いしばっていたため奥歯の数本が倒れ、血尿も出ました。それでも必死に続けるうちに、ある日突然これまでに味わったことの無い感触を体の内に感じました。それはエネルギーの爆発とでも言うのでしょうか、とにかく自分の突き・蹴り・動作がこれまでとはまったく別次元で発せられている実感があったのです。

気が付くとあれほど早く、〝とても追いつくことはできない〟と思っていた先生の号令にもピタリと追いつくことができるようになり、更には先に動作を終えて周りを待つ余裕さえでてきました。それは〝体のギアがそれまでとは違うところに入ったような感覚〟でした。

組手でも自分より一回り大きな外国人に対して、加減して打った突きでも相手が吹っ飛んだり、または深い痣ができるのです。

そうして夢中で稽古をするなかで、当時修行に来ていた米国人空手家から、

「アメリカに来て空手を教えないか？」

と米国に招待されることになりました。仲里先生からも、「君はアメリカへ行って空手をやりなさい、そして成功しなさい」という薦めもあり、21歳の時、米国サンフランシスコの地へと渡ったのです。

当時の日本とアメリカとの距離は現在とは想像もつかない程遠く、準備期間にはその緊張感から、「米国で負けないため」と、肝試し代わりに辻斬りのような真似までしながら渡米の日を待ったものです。

実際に米国に行ってみると、「日本の空手家は尊敬の念を集めている」などと聞いていた最初の話とは随分違いました。既に米国には現地で育った武術家も多く存在し、日本から来た若い空手家にライバル意識むき出しの状態で、文字通りたった一人で米国に置き去りにされたようなもので、正直途方に暮れました。

何度も挫けそうになりましたが、〝チクショウ〟という意地と、〝空手〟だけが見知らぬ異国で明日を築く武器でした。

型も半端なものを見せても米国では見向きもされない時代に入っていました。

当時の米国は組手試合をする空手が主流であり、全州各地で毎週トーナメントが行われ、自分の実力を示すのは、そこで勝つこと以外ありませんでした。

私は一日をハンバーガー一個で凌ぎつつ、そうしたトーナメントに参加して、賞金を生活の糧に名前を上げていきました。

私の武器は誰にも負けないスピードで繰り出す突き・蹴り・フットワークと体捌きにあり、いつしか「閃光の鷹」「見えない手」そして、

「Lightning Flash Hands（瞬撃手）の空手家」


として知られ、テキサス州に研心会館を設立、渡米から5年後の１９８４年には、テキサス州のトーナメントでＭＶＰを受けました。更には伝統空手団体・米国ＡＡＵ（Amateur Athletic Union　アマチュア運動連合）のガルフ地区会長、及び全米オフィスの技術部にも籍を置き、以来沖縄小林流の実践・研究・普及・発表に努め、現在まで米国で空手の普及をしてきました。

近年はオランダを中心にヨーロッパにも招待され指導を行うようになり、自分なりの沖縄空手理論を伝えています。

第1章

空手は何を養うのか

当たり前の稽古が大事

近年、沖縄空手が注目され、様々な言葉や技法・身体操作が紹介されてきていますが、私はそのどれもが沖縄空手の持つ特色や用法の一部分であり、部分部分として分解したほんの一コマであると感じています。

沖縄の古典的空手の優れている点は、端的に言えば、

基本→型→応用

がしっかりと繋がっているところにあり、その動作の訓練そのもののなかから、あたかも奥義が体内に降臨するかの様に会得されるものであることを私は経験しています。

〝基本は応用を生み出し、応用は基本によって打ち出される〟のです。

そのためには、しっかりとした〝当たり前〟の稽古を積まなくてはなりません。

「なにを当然のことを」

と思われるかもしれませんが、まず前提として、特別なことではなく〝当たり前〟の稽古こそが、奥深い空手の奥義に繋がっていることを理解しなければ、真の向上はあり得ないというのが私の持論です。

余計なことを考え過ぎれば真の向上の妨げになり、せっかく優れた訓練法を持ちながら見落としてしまうことにもなりかねません。

そうした見地から私は、自分自身の体験を基にこの本を通じて〝沖縄空手の源泉〟である〝基本の解明〟を試みたいと思います。

本土の空手と沖縄空手の違い

一口に空手とは言っても様々な流儀が存在します。

いずれもその基を辿れば琉球＝現在の沖縄を発祥とした土着の武術に辿り着くことになりますが、現在日本（本土）へ渡った空手と、沖縄において継続されている空手では、その活動や稽古法が異なった方向性を持っていると言われています。そこでまず双方の空手の相違点について解説してみましょう。

7歳で本土の空手と出会い、以後台湾での中国武術修行を経て沖縄空手へと進んでいった私は、本土の空手と沖縄の空手は、

「同じであり、また、まったくの別物である」

といった感覚を持っています。

ある意味では沖縄空手には日本本土の空手よりも、むしろ中国武術に近い概念が多く残されているとも言えるでしょう。

私は何かを比較する際に即座にその違いを検証する前に、必ずその類似点を見つけ出すことにしています。

それは、一見関係のなさそうな物事にも必ず類似点があり、それこそが一番大切なキーポイントになり真理の土台になると信じているからです。

そうした見地から本土空手と沖縄空手を見た場合、〝同じである〟という部分は、

同種の基本が伝えられている。
同種の型が伝えられている。

という所であり、〝異なった部分〟は、

基本の概念が違う。
型の概念が違う。

と言えます。

ここでは、まず〝異なった部分の概念〟から見ていきます。
日本で行われている空手の多くは、

〝正中線〟
〝腰の活用〟
〝厳格なフォーム〟

の様な明確な部位の意識を持つことから始まり、物理的な運動エネルギーを基にした動作や外見的に整理された形(カタチ)を強く説くことが多く、ほとんどの場合、格闘技的思考から〝敵〟といった明確な目標を自分の外側に絶えず定めて行う傾向にあります。

一方で沖縄空手はそうした部分の意識より、まず、

〝全身の動き〟

から入ります。

これは、〝動作が自然に正中線や身体操作を練り出す〟といった逆発想によって自らの身体内における〝ヒラメキ〟と〝体感〟を得る所から始められている、と言えるでしょう。

基本や型を行ううえにおいてもあまり細かい注意を与えずに、まずは動きの反復練習から会得し、レベルが上がるに従い初めて細かい注意点を検証していくのです。

そのため型を行う際にも一定の運動エネルギー（型で重要な腰・頭の位置を一定の高さに保っての移動など）によって生み出される力だけではなく、身体各部位の力や条件反射などを活用して、如何に体からの自発的なエネルギーを引き出し、それを外部の環境と調和させていくのかというう、格闘技として敵を意識する以前に、自分の身体の開発的運動法が多く秘められているとい

うことです。

そのため沖縄空手には、本土の空手に無い上下運動や一瞬身体をくねらすような動作もあり、本土の空手に慣れている人間には一見、

“軸のない不安定な動作”
“基本ができていない未熟な動作”

として映ることさえあるようです。

しかし、そこには頭のテッペンから足のつま先に至るまで実に様々な運動と、身体の緩急、屈伸、上下運動などの他、自己の体を如何に有効に活用し最大限の動作を生み出していくかの原理原則が秘められているのです。

なぜ空手は違ってしまったのか？

では何故、本来その源が同じであったはずの空手が百年程の歴史の中で変化してしまったのでしょうか？

それは簡潔に〝空手という武道はその時代、環境、文化等に非常に影響を受けやすいものである〟といった性質があげられるでしょう。

言うなれば空手とは武道、スポーツ、精神修養、更に健康法、そして又は暴力に至るまで、様々な形態に成りうる多様性を内包しているからです。

その性質を念頭に置いて空手を考えれば、空手が沖縄から日本本土に渡った時期に注目すべきでしょう。奇しくも時代は文明開化を迎えた明治から大正、昭和初期を経て第二次世界大戦といった、日本が歴史的激動のなかにあった時代であったことが、今日の空手の形を決める大きな要因だと考えます。

明治時代と言えば武道界の歴史においても柔術から柔道が生まれ、それまで全国に散らばっていた様々な柔術流派が、柔道といった自由乱捕りをふんだんに取り入れた新興武道の流れに飲まれていった時代でもあります。

その様な時代にはるか南にあった沖縄から本土に流れ着いた空手は、柔道の創始者・嘉納治五郎にも認められ大きな気運を得て普及の第一歩を踏み出しました。

しかし、こうした幸運を得たものの、既に皆さんもご存知の様に柔道が目覚ましい躍進を遂げる中で、空手はその陰を歩まなければならない宿命も背負わされたのです。

富田常雄の長編小説『姿三四郎』に代表されるように、空手は突き・蹴りを用いた〝一打必倒の妖術的緊迫感〟を纏って人々の脳裏に浸透していきました。そして、このイメージこそが戦後以降の空手の発展にも大きな影響を与えたと言っても過言ではないでしょう。

組技を主格として体系つけられた柔道と、打撃を主格として体系つけられた空手。これが空手が日本本土で認知される際の基本的な構図となりました。

更に空手には、新しく本土にあった日本武道界（柔道・剣道）のシステムに則して乱捕り、試合、段位制から道着に至るまでが急速に採り入れられていきました。

そうした流れのなかで、本来の武器術も含む総合的な武術の訓練と、それらと同時に自己の心身の向上法（＝探求）を目的とした鍛錬法であった型も、即、技術の枠に当てはめることで、分かりやすい戦闘体系への関連づけが試みられ、他者との相対比較の概念を強く採り入れられました。

その結果、他の日本武術とは異なった突き蹴りによる破壊力、迅速さが追求、求められるとともに、稽古体系も〝格闘技・空手〟という方向へと進み、沖縄本土とは異なる価値観のなかで進化していきました。

空手は時代の流れと異文化であった本土の洗礼を受け、自己の開眼を基本に習得する個人的鍛練法から、突き蹴りにより一撃で敵を打ち倒す格闘技術という判り易いものへと変化していったと言えるでしょう。

古伝の沖縄空手の練習方法

沖縄の空手の練習方法は皆さんもよくご存知のように、基本と型を主軸に行われるものです。基本稽古には四股立ちを用いた直突きや前後に移動して行う追い突き（移動稽古）が含まれ、型には、首里手ではいわゆるナイハンチ、ピンアン、那覇手には三戦をはじめとした様々な型が存在します。

空手はこれらの運動の反復練習を中心に行いますが、まず特筆されることは第0章にも書きましたが、私の知る沖縄空手の型はまず、〝あまり細かい部分に拘らずに、まず力一杯動く〟ことを強要されたことです。

まずそれができる様になってから核心部へ向かい、余分なところをそぎ落としていく作業に入るといった段階的習得法でした。

この過程のなかで最も必要なことは、〝いかに力一杯速く・強く動くか〟であり、そうした動きでもブレない姿勢と崩れない体軸を自分の身体に練りこんでいき、その際に自己の体内に起こる力の流れを体感としてシッカリ把握する感性を磨いていくものと言えるでしょう。

そのために、型を行う際にはむやみに細かく相手を仮想するのではなく

〝何をも吹っ飛ばす〟

〝心身の力の実感〟


といった自己の力の充実を感じ取る原始的な力、体とのコミュニケーションが重要となります。

本来の型の意味

ここで改めて型の意味について紹介しましょう。

空手の型には、閉足立ち、外八字立ちといったような何の変哲もない直立の立ち方に始まり、前屈立ち、猫足立ち、他の独特な立ち方に至る足のポジションとそれに関連された突きや打ち、蹴りといった四肢の動きを組み合わせて一連に繋ぎ合わせた連続的動作の体系が空手の型です。

ところが、そうした空手の型の姿は容易にイメージすることはできても、それらの真の目的や実体、正しい動作など、その核心部を理解するとなるとなかなか簡単なものではありません。

何故なら、多くの人に印象づけられている〝空手の動き〟は、あくまでも〝空手らしい〟動きであって、イメージに基づいた仮想敵に対して突き・蹴りを行ういわゆる〝シャドー・ボクシング的な理解〟で認知されているに他ならないからです。

しかしシャドーボクシングと型は根本的に異なった目的を持っています。

それは、体の解しとイメージトレーニングに軸に置くシャドーボクシングに対して、空手の型稽古は、具体的な力とスピードを養成する点です。

もちろん体の解し・イメージトレーニング等も〝型の一部分〟に含まれることは否定しませんが、それだけの理解では、本来型の持ち合わせている非常に高度な効能を得ることはできません。

空手の技とはなにか？　型はなにを養うのか？

ここで一番単純な疑問を打ち出してみましょう。それは、

「空手の技とは何ですか？」

ということです。

特別に深い考察をせずに一般的な答えを予想すると、逆突き、回し蹴り、などといった個々の動作になるのでしょう。もちろんそれも訓練上においては正解と言えます。

しかし、実際に空手という武道の根幹であり、古くから伝承されてきた古典的沖縄の空手のなかには、そうした技術的な動きはほとんど見ることはありません。

稽古の中心を構成するものは、近代的な空手と比較すると非常に地味な動作によって構成された型のみが、空手の実体を標したものなのです。

近年まではそうした素朴な動きを、〝古来の空手のレベルの低さ〟として考える人が多く存在しましたが、それは空手における戦術を突き・蹴り、といったものに設定し、単純に型の内容を〝対人への技法〟と限定した見解から起こるものと言えるでしょう。いわゆる「実戦に型は使えない」

といった評価です。

では〝型〟とは何を求めて何の効果をもたらしてくれるものなのでしょうか？

この質問の答えだけで一冊の書籍ができ上がる位の内容になりますが、ここでシンプルに回答するならば、

〝自己の心・身・動の探求と向上にある〟

と言えます。

つまり空手の稽古の土台である〝基本・型・応用〟の稽古で身に付けたすべてが「空手の技」となり、それは特定のカタチを持った体技ではないのです。

例えば空手を始める際にまず習うのが、体から真っ直ぐに突き出す〝直突き〟ですが、それをもって「空手の突きは真っ直ぐに突く＝空手の突きはこうである」と決め付けるのは間違いです。

直突きはあくまでも「空手を身に付けるための運動法のひとつ」であり、決して〝そうでなければならない技〟ではありません。

型とはこうした単純な格闘技術のみで語るには括りきれない深さを持つのです。

よくスポーツの世界では「練習でできないことが本番でできるわけがない」と言われますが、

空手の稽古は、この反対に「やったことがないことが咄嗟にできた」という火事場の馬鹿力的な能力を開発するものであり、それを具現化しようとするための訓練が空手の型であると言えます。

この〝普段やっていないことが咄嗟にできる〟ことが、常に相手を想定して行う競技と自己探求を追求し、前もって状況を想定しない武道・空手との決定的な差であると思います。

ルールや状況設定が無いなかでは、特定の技術を習得してもそれが実際に有効なのかは判りません。そうしたルールの無い状況で土台となるのは、技術プラス広い範疇での機転や応用力が必要であり、そのための心身のコンディションにあります。

その応用力は、ルールを主体として養われたものではなく、自分自身を主体にして身につけることで養われ、咄嗟の場合に自分のなかからまだ未知の、自分でも思っていない動きや力が発露されるのです。それが思ってもみない状況のなかで活きる臨機応変さであり、型で養うものなのです。

空手は〝丹田〟と〝気〟を活用する

人間が動く際には必ずエネルギーが必要となります。

そしてそこには身体内の個々の筋肉により、必要な箇所の強化や運動を生み出していくことが一般的なエネルギーの活用となるものです。

ところが武道・武術と呼ばれるものには、それらとは一線を画したエネルギーの存在があります。

〝気〟

と表現されるものもそのひとつです。また、背筋・腹筋などの明確な解剖学的な部位とは異なった、

〝丹田〟

という曖昧な身体部なども存在します。

これらは数字やＣＴスキャンなどでハッキリと明示されることのないものですが、武道の修行者に限らず、人間が生きていく上において幾度となくそれらの存在を多くの人が実感していることと思います。

空手の型とは、単に筋力によるエネルギーの活用法ではなく、こうした〝気〟や〝丹田〟と言い表される領域を意識したエネルギーを活用することを目的とし、またそれらを訓練するためのものなのです。

人体は頭・四肢・胴体といった部位から構成され、それらの部位はそれぞれに、更に左・右と、上・中・下、他といった部位に分けられます。またこれは固定的なものではなく、その時々の姿

勢や部位同士の関係性、動きによってバランスや機能も大きく異なり、それに伴い反射も変化していくものです。

言い換えるなら、人間の体には様々な力の支点があり重心が存在し、それらが絶えず移動しているということです。

しかし、そうした力の支点や重心は、身体部位に固定されて存在する筋肉とは異なりハッキリと認識することは難しく、そこで自己を探求する作業、自分自身を知ることが必要となるのです。そうした人体に散りばめられた各々の特徴（＝能力）を引き出し、これらを統合して全体エネルギーへまとめ上げていく作業、それこそが空手における〝型〟の目的であり、その活用法は千差万別で限りなく自由に発揮される世界であると言えるでしょう。

空手の価値とは、〝型〟の訓練によって体の全体能力から打ち出される、気力・身体操作・能力のすべてをもって湧き出るものであり、それらを習得するための訓練こそが空手の型であるのです。

第2章　衛笑堂老師のこと

念願の台湾へ

現在、私が空手家としてある大きな部分に、台湾で学んだ衛笑堂老師の存在があります。実際に学べたのは短い時間でしたが、苛酷な経験をされた衛笑堂老師から教えられた「戦いとは何か？」というシビアな問いは、今日に至るまで常に私自身問い続けていることであり、問うこと自体が沖縄空手の学びと理解をより深いものにしてくれました。

自分の学んでいる空手に対する漠然とした疑問と、台湾からの留学生との出会いに影響された私は、高校時代の約一年間、台湾の各武術関係団体に手紙を出し続け、台湾での武術研究・修行の切っ掛けを模索しました。しかし、なかなか返事を得ることはできませんでした。

皆目手ごたえが無く、諦めムードのなかで友人を通じて調べてもらった台湾大学の国術会クラブへ連絡を取ったところ、これが運良く当時同大学の太極拳師範を勤めておられた李進川老師の元に届き返信を頂けました。自宅のポストに台湾からの手紙を見つけた瞬間は、文章や口では表現できない程の興奮と冒険心を感じたものです。

そうとなれば「即実行」とばかりに、高校の授業をすっぽかして台湾へと飛んでいました。

高校生であるばかりでなく、海外どころか飛行機に乗ることさえ初めての私はなんとか人生初のパスポートを手入れ、運命的な何か非常に大きな自分の未来と運を感じていました。羽田空港を離陸し、見下ろした機内からの風景の鮮やかさは今だに脳裏に焼き付いています。

1970年代台湾にて、衛笑堂老師より指導を受ける著者。

台湾に到着後、迎えに来てくれた李老師は、早速自分のバイクに私を乗せて公園に行くと、数人の武術家を紹介してくれました。とはいえ何分、中国語も英語も判らない私は李老師の流暢な日本語通訳を聞いても話が大きく、理屈が多くチンプンカンプンで頭に入りませんでした。それでも、武術に関する説明には神経を働かせ、なるべく理解しようと努めました。

その夜からギリギリの予算を切り詰めるために、李老師から紹介された鳥屋を経営する民家の屋根裏に宿泊することになりました。案内された部屋はなんと畳二畳で高さも中腰で立つのが精一杯、風呂は沸かしたヤカンのお湯をたらいに入れて行水という大変なもので、そこに一ヶ月ステイして中国武術修行を開始することになりました。ただ、初めての海外、初めての中国武術との出会いはあまりにも刺激的で、そんなことには何の不自由も感じず充実感と稽古を満喫したものです。

衛笑堂老師との出会い

翌日の早朝5時位に、李老師の運転するバイクの後ろに跨り到着したのは台北市の植物公園でした。ここでは早朝からそこかしこで様々な武術を練習する光景が見られ、私はその一角で練習をしているグループへと連れられて紹介をされました。

李老師から私へはほとんど説明がなく、それが何という拳法で誰が先生なのかもまったく判らずに、ただただ導かれるままに挨拶をしていました。

李老師は実に社交的で人懐っこさがある方で、すぐにそこで練習をしている一人の男性と推手を始めていましたが、私が挨拶をした小柄な中年の老師はふて腐れた、取っ付き難そうな表情で私と李老師を見ていました。

李老師の推手が終わると、その小柄な老師は私に「君の武術を見せなさい」と日本語の少しできる弟子を通じて言いました。そのとき「武術を」と言われて、改めて、

「それは……、型ですか?」

と、思ったのをいまだに覚えています。

と言うのも、私は当時既に空手の黒帯を持ってはいたものの、当時は若さもあり組手にしか興味がなかったからです。型も一通り覚えてはいましたが、深く考えることもなく、習うがままに覚え、後は勝手に自分の想像で補って行っていたに過ぎませんでした。とは言え、このときは他に見せるものがなかったため、当時学んでいた糸東流系の型から、ジオンと三戦の二つの型を行いました。

1970年代台湾にて衛笑堂老師と。

するとその老師は私の腕と肩を手で触るとぶっきらぼうに、

「皆のなかに入ってやりなさい」

と、このときは通訳無しのジェスチャーで私に示しました。

これが以降の私の空手修行に多大な影響を与えて下さった衛笑堂老師との出会いでした。

衛笑堂老師は1901年、中国山東省に生まれ、幼少の頃から父親に武術の指導を受け、16歳のときには父親の招聘した馮環義老師に4年間専門的にスピード・パワー・八歩蟷螂拳による武術のエッセンスを学び、その他に呉鑑泉から呉派太極拳などを学んでいました。20歳の頃には武術教授を始め、23歳の頃には軍教官として武術の指導を行っていた文字通りの武術家でした。

30歳の時に商用で韓国へと渡った際に、当時起きた「万宝山事件」に端を発した韓国人と中国人の争いに巻き込まれ、衛老師は目の前で起こった戦いから友人を守るために、料理用の鉄箸で暴漢達を打ち倒し3人を殺害、他にも負傷を負わせて国へと逃げ帰ったそうです。

その後、1949年にはコミュニスト（共産主義者）によって妻子を目前で殺害され、自分も捕らえられた挙句に、立ち木に逆さ釣りに縛られるという拷問を受けながらも脱出し、命からがら台湾へと逃れ、生き延びたといいます。

ただそのときの私は、自分がいま指導を受けている中国人武術家がどの様な経歴の何者なのかは知りませんでした。ただ、何となく感じ取れる雰囲気は〝重厚・迅速〟というものでした。

初日の稽古はいきなり〝片腕腕立て伏せ〟から始まり、入念な補強訓練で、当時出版されていた松田隆智氏の書籍で紹介されていた〝筋力を使わない中国武術〟のイメージとは異なった泥臭い稽古から始まりました。私は以前から器械体操が得意であったこともあり、すんなりとすべての補強運動を消化していました。

ただ、正直な感想を言えば、

「なんだよこれ？　普通の練習じゃないか」

というのが第一印象でした。

そうした補強運動が一通り終了し次は基本動作に入りましたが、こちらも私が学んだ空手にかなり近いものが多く、リズムと動作の繋ぎにこそ違いがあるもののほとんど違和感無く行えたのは驚きでした。

しかし、ここでも中国拳法と言えば〝奇っ怪な動きから素速く手足を打ち出す〟といったこちらの勝手なイメージとは別に、「普通に空手っぽいな～」と多少失望気味の印象を持っていました。

休憩に入ると衛老師は私を呼び、

「君は動きが良い、ここへ来て練習をしなさい。ただここで習うならば戦う武術を学ぶと良い。そしてそれを使わない精神も学びなさい」

と通訳を通じて言われました。

衛老師のことを何も知らない私は、このときは衛老師の言われたその言葉が、武道の世界でよく言われている、教条主義的でとても陳腐な言葉の様に感じていました。

衛老師のこの言葉が実戦武術を全うした実践者の言葉以外の何ものでもないことを理解させられたのは後のことでした。

総合的打撃術への気づき

衛老師は私に、早朝だけではなく夕方に行われる台湾大学での稽古への参加も勧めてくれました。

こうして流されるままに何も判らずに始まった中国武術の修行でしたが、下宿に帰って、改めて日本から持参した松田隆智氏の書籍で調べると、自分が八歩蟷螂拳の名手で実戦派として高名な衛笑堂老師から直に御指導をいただけていることに気がつき仰天しました。

夜になり大学での稽古に顔を出すと、衛老師は私に一人の若者を紹介してくれました。「彼について基本と型を覚えるように」と通訳なしで私に言うと、スッとその場を離れ、ジッと練習を見ているといった具合でした。

その若者は私に数種類の基本動作と八歩蟷螂拳の基本套路＝型である七手とその体打＝約束組手を指導してくれました。その辺になると衛老師も側へ来て見本や解説を始めてくれました。

かなりのハイペースで指導は進められたのですが、驚いたのはその内容です。

ここで初めて型がそのまま約束組手になることに強い感銘を受けたのです。

これまで学んで来た空手の型は、その活用方法＝分解となると型のなかから個々の動きを単独に引き出すために、単発な動きになる傾向がありました。ところが、ここで最初に習った基本套路＝型の七手という型は、そのまま一連の動きが体打＝組手の用法として成立していたのです。

さらに驚いたのは、私への技の指導は直接、衛老師がしてくれたのですが、その際に打撃がこれまで学んだ空手やボクシングとは異なり、空間や間合いの取り合いだけではなく、掴みや崩しを用いてポジションを作りながら打ち出されるもので、それまでのイメージにはない、〝打撃をより有効に効かすための総合的な戦略と構造〟という新しいコンセプトを私に植付けてくれたのです。

乱暴に言えば、それまで学んできた柔道やレスリングと空手とをミックスしたようなものでしたが、言葉や理屈で学ぶにはあまりに複雑であり、ましてや自由組手ではほとんど不可能な部類の技術でした。

後に沖縄で出会うことになる仲里周五郎先生から「真の空手の技で自由組手は無い」との言葉を伺ったときに納得できたのも、この台湾での経験があったからに他なりません。

衛老師の教え

こうしたことを含め、衛老師は短い滞在期間に幸運にも非常に多くの技法を体感させてくれました。

衛笑堂老師は、台湾はもちろん日本でも強面の武術家として知られ、1970年代後半に発売されていた空手雑誌で台湾の武術事情が紹介されていた際に、衛老師の写真を撮ることに関連して、「あの衛笑堂の写真をどの様に撮るか悩んだ。いきなり殴られるのではないか?」といったコメントが掲載されたことがありました。

それは衛老師が武術家として生き抜いて来た中国・韓国・台湾での生死を賭けた戦いのなかから滲み出てきた風格であり、確かに衛老師には古い武術家の持つ殺気が深く宿っていたのは事実です。

しかし、その一方で私の接した衛笑堂という人間は、平和主義者でした。それはまさしく武術が直接人の生命を左右するという、実戦を含む波乱万丈の人生を生き延びてきた者が、やっと安堵感を得られる地に落ち着き、武術に対するある種の悟りを得たことから来るものだったと思います。

余計なことは一切言わず、武道家によく見られるハッタリというものがまったく無い一方で、僅かに動いてみせる動作のなかに奥深い歴史や生き様が滲み出る。そんな趣の武術家でした。

その辺がそれまでに出会った様々な武術家とは異彩を放っていたものです。


衛老師の思い出のひとつに、ある日、いつもの様に早朝の植物公園で稽古していると、同じ衛老師の弟子仲間がある人物を中心にしてザワザワと盛り上がっていました。

暫くすると、そのなかの数人が私を大きな声で呼んだのです。

何も判らずにただ言われるままにそこへ行ってみると、その人だかりの中心に腹の盛り上がった小太りの男が立っていました。

皆は私にゼスチャーで「この男の腹を叩いてみろ」と言ってきました。彼らはそう言いながら自分達もその腹を叩いて見せましたが、男はビクともせずに笑っていました。

私は「空手もやっていたし効かなかったら問題だな……」と変に真剣にとらえてしまい衛老師の方を見てみると、相変わらずふて腐れた雰囲気でソッポを向いていました。

「う〜ん、何となく舐められているようで気分は良くないが、まあ、空気を読むのが妥当だろう……」と思ったのと、実戦派として名高い老師が自分の指導領域で起きたこの状況にどう対処するのか、日本の武道の世界で育った私には非常に複雑な思いがありました。

周りに押されるようにしてその男の前に立ってみると、やはり「なんかイヤだな」といった気持ちが横切り、腹を打つ準備をして、一度大振りで相手の顔面直前に空振りをしてみせました。男が一瞬ムッとしたのを見て「これはまずい」と思い、すぐに笑ってごまかし、他の者に倣って空気がパンパンに張ったバスケットボールの様な腹を打ちことなきを得ました。

そこで衛老師が皆を呼び寄せ、稽古をする様に命令が出されました。その際に一瞬目が合った老師が、とても柔らかい目をしていたことがとても印象に残っています。

当時は実戦派として名高い衛老師のあまりにあっさりとした当たり前の対処に「何だか普通過ぎるな」などとも思ったものです。しかしその後、自分が指導をする立場になると、この時のことを時々思い出しては考えるようになり、実戦で名高い古き武術家の無言と目を思い出す度に、

「実戦はそんなものじゃないのよ」

という衛老師の声が聞こえてくるように思うのです。

武道の世界は真面目に学ぶ者から、あくまでも趣味としてマニア的に学ぶ者など玉石混交の世界です。そうしたなかで衛老師の武術はまさに生死を生き延びてきた武術であり、修行中の少年を相手に自分の凄さを誇る者とはその世界が違っていたのでしょう。現在の私は当時の衛老師と同じ位の年齢ですが、私もアメリカで空手をもって人生を全うするなかで、今だからこそよく理解できる興味深い出来事でした。

衛老師の実戦技法

また、もうひとつ衛老師のことで強く印象に残っている思い出があります。それは、高校を卒業後、二度目に約半年間台湾へ渡った時のことです。

幾つかの型＝套路も覚え練習にも慣れてきて、基本と型の稽古に終始する毎日にマンネリ化を覚えた私は、むしろこれまでの柔道や空手、他の稽古やトレーニングと比べて身体的に強いストレスも感じず、痛みや恐怖も伴わない稽古に物足りなさも感じ、時には知人の伝手を頼りに紹介されたテコンドーのクラスにも顔を出したりしていました。

そのような私の精神的な緩みを感じ取ったのでしょうか、ある日の稽古で衛老師は私に「そこのベンチの辺りに構えて立つ」ように言いました。そして、衛老師は4～5メートル離れた位置へ移動し立ち止ると、一転し一挙に距離を詰める技を見せてくれました。

「そうか、衛老師の教える武術には遠距離をサッと近寄り、サッと逃げる移動がある。これこそ相手を殺すことを目的にした実戦、武器を想定した動きなのだ」

それまで非常に接近した間合いで目覚ましく速い打ちや突きを重い崩しとともに繰り出す技法

を指導していた衛老師の、もうひとつの秘技を感じ取った出来事でした。

私はこの衛老師の一動作一動作に非常に強い影響を受け、それが以後、沖縄の首里手への修行を開始する重要なファクターとなりました。

ただ、現在私がそうした動きを見せても理解できず、ピンと来ない顔で冗談的に受け流してしまう今の人たちを見ていると非常に残念です。やはり、古典的な武道や武術を学ぶためには、実際に目の前で何が行われているかを見極める感性が必要なのでしょう。私自身は現在も研究を続けており、沖縄の小林流の五十四歩に、その歩法の共通性を発見しています。

闘いのゾーンを知り、使わない境地を教えられる

衛笑堂老師のことを書いたところで、こうした生死を賭けて生き延びてきた古典的武術家と現在の競技や興行で進歩してきた近代の武道家との比較をタブーと知りながらも行ってみようと思います。

様々なスポーツは時代とともに記録は伸び、その技術は向上していると言われています。

衛老師が見せてくれた、一気に相手との距離を詰める八歩蟷螂拳の用法。踏み込みと足交差を織り交ぜた独特の歩法で間合いを詰める。

沖縄小林流の型「五十四歩」(※下は単独)。踏み込みと細かい寄り足によりリズムに変化をつけて一気に間を詰める。

そうしたことが当たり前として語られるなかで、例えば衛老師の様な武術家がリングに立った場合にどの様になるのでしょうか？

端的に言うならば、こうした武術家は競技としての試合はできないというのが私の持論です。しかし、だからと言って戦えないと言っているのではありません。

残酷な言い方になりますが、生きるためには躊躇なく急所を打ち、目を抉り、相手の肉を喰いちぎり立っている衛老師の姿を想像することができるからです。

そして、それが彼らのなかにある唯一の戦いの概念なのであると言えるでしょう。

〝お金やプライドのために試合はしない。生き延びるために相手を倒すしか道はない〟という世界。

言葉にすると小説や漫画、映画のようでリアリティーがなく、それこそ陳腐に聞こえるでしょうが、事実は小説よりも奇なりという言葉の通り、望むと望まざるとに関わらず、そうした世界を経験し、自分のなかに違う自分を発見するような〝ゾーンへ入るスイッチ〟を持つ人間だけが持つ価値観の世界があるのです。

衛老師はそうしたゾーンを身に秘めた人でした。

衛老師の闘いは始めるスイッチのオンが速く、相手に反撃の余地を一切与えず一気に畳み込んでしまう種類の武術であったと思います。

前述の万宝事件の様な場面では食事中であったことから、手中にあった鉄箸を瞬時に武器とし、その瞬間に非日常の自分になりつつも、冷静さをキープした精神的境地＝ゾーンへの移動がポイントとなるのです。この心身の一体化があって初めて最強となり得る瞬間的能力が完成されるのでしょう。

実際に私は衛老師の指導のなかで幾度となく、

「武術を使ったら大変なことになる。気が付いたら周りが血だらけになっている」


というお言葉を幾度となく真剣な眼差しで語ってくれたものです。

私は老師の非情な実戦譚とともに、こうした何気ないお話を聞くなかで、初めて人間の精神的ゾーンというものを意識するようになりました。

普段我々が生きている社会はいきなり何者かに獲って食われる野蛮な社会ではありません。そのために武術を学ぶ人でも衛老師の様な境遇のなかを生き延びてきた人を特別な人間と思うことでしょう。しかし、私はそうは思いません。

実戦ではどんなに優れた技術を持っていても、オン・オフの精神の切り替えが素早くできなければ後れを取ります。キレるのではなく、冷静かつ集中力がすべてを超越した境地こそが武術の精神的境地であり、そのゾーンこそが武術を修する者が学ぶべき最も大切なものだと衛老師は教えてくれたのだと思います。まともな精神状態では行けない精神の境地。逆に負けたときは悔しさを感じることも無く、ただ死ぬだけの世界が存在するのです。

そうした戦いを知っているからこそ衛老師は穏やかな姿勢を常に保とうと試みていたのでしょう。武術の戦いが決して綺麗なものでない事実を骨身に沁みて知っているからこそ、「武術として学び、使わぬ精神」を心底から説いていたのだと思います。

私はほんの短い期間における衛笑堂老師の御指導を受けるなかで、武術の何たるかを実感として学べたことは何物にも変えがたい幸運であったと思います。

八歩蟷螂拳の基本套路七手と首里手の基本型ナイハンチ初段

ここでひとつの私的見解を紹介してみましょう。

この項で紹介してきた衛笑堂老師の八歩蟷螂拳には初級型として七手という套路が伝わっています。非常に単純でシンプルな動作で構成されたものですが、この套路が後の私の沖縄空手の活動に大きな影響を与えてくれるとは当時の私には知る由もありませんでした。

この七手とナイハンチはともに一本線上を往復する短い型で左右の同じ動作をくりかえして行いますが、その手法が双方実に類似したものです。

この七手の套路は単独型で習得を開始するものの、後にその套路をそのまま対打として当てはめて行う稽古法が行われていました。

当時の私にはそれは大変画期的な稽古法だと感心したものですが、私は後年にそのコンセプトを活用したナイハンチ組手を編み出し、ナイハンチを覚えた生徒に指導を行ってきたものです。

それではここでその一部を紹介しておきます。

右足を寄せつつ右手を
払いつつ、

蟷螂手へ。

右足を大きく出すと同
時に、右掌打。

歩を進め、

踏み込んで打つ。

戻りつつ右蹴り、

蹴り足を下ろしつつ、

右手を前へ。

衛笑堂直伝
八歩蟷螂拳「七手」

著者が一番最初に学んだ套路。ステップをはじめ、足払い、掴んでの打撃など蟷螂拳の基本的な要素が入っている。著者は後に、この套路と首里手におけるナイハンチの共通点を見出した。

下がりながら姿勢を低く、

右手を大きく回しつつ、

転身。

左手を多く回しつつ、

転身。

再び右手を大きく回して

転身。

右足を下げつつ、右掌打、

左掌打、

体を捻りつつ、低くなり、

相手の前手捕りつつ、

半身で接近、

顔面を打つ。

下がる相手に左足を右足に寄せ、

相手を前に崩しながら接近、

右足を相手前に出しつつ、

左ヒジを極めて崩す。

下がる相手に交差足で追う。

右突きを右手で払いつつ、左手に持ち替え、

右掌打で顔面を打つ。

相手が下がりつつ出す、

左突きを左手で捌き捕り、

引き寄せつつ体を近づけ、右手でヒジを打ち、

右足でスネを踏み潰す。

衛笑堂直伝

八歩蟷螂拳「七手」（対打）

攻守が入れ替わって行われる太極拳の対打と異なり、八歩蟷螂拳の対打は、掛け手が常に攻撃を続けるように構成されているのが特徴。

両者構えから、

相手の右突きを、左手で捌き、右手に持ち換えつつ、

左手で打ちながら、左足で払う。

足を引いた相手に、

交差足で接近、

右手刀を首に入れながら、右足で相手の足を刈る。

下がりつつ相手が出す右突きを左手で押さえつつ、

首を右手刀で打つ。

右突きを左手で押さえつつ、

右手に持ち替え、

右手を引き寄せ、

左突きを右手で押さえつつ、

ヒジを極める。

右裏拳を打つ。

右突きを左手で払い、

右手へ受け替え、

右足を引き寄せ、

左手で持ち換えつつ、

左突きを右内受けで払い、

ヒザを蹴る。

横山和正作

ナイハンチ対打

八歩蟷螂拳とナイハンチとの類似点を見出し、七手の対打を参考に著者が創ったナイハンチの型組手。蟷螂拳とは異なり受けを主体に構成されている。

両者構えから、

右突きを左手で払い、

脇の下へ右突きを決める。

左手に持ち替え、

右手で受け替えつつ捕り、

接近。

左手に受け替えつつ、

右突きを入れる。

左足を大きく戻す勢いで引きつけ、

引き落としながら、ヒザを蹴る。

第3章

正拳に関する考察

拳について

前章では台湾での衛笑堂老師との思い出を紹介しつつ、日本とは異なった武術の世界観を述べてみました。書いてみて改めて思うのは、自分を他の世界や環境に置くことが自分の視界を広め、それはそのまま自らのキャパシティーを拡張してくれる貴重な機会となることです。

台湾ではその他にも様々なことを学び、ビザの申請目的で入学した中国語学校ではそこに通う欧米人達を通して西洋文化のエネルギーというものにも初めて身近に触れました。

台湾の武術も日本の武道も素晴らしいものですが、そこで見た欧米人の何にも憶さない毅然とした行動は、やはりどこかで東洋と西洋の〝力の差〟というものを感じさせられたものでした。この時期の経験がその後の渡米の引き金のひとつであり、今日の私を作ったといえるでしょう。

話が外れてしまったので、修行時代の話に戻りましょう。

これまで紹介してきたように、人生初の異国での生活と武術修行は、私に様々な学びの機会や気づきを与えてくれました。

そのなかでも大きな収穫のひとつに〝拳〟の妙技があります。

そこで本章では台湾での中国武術修行から沖縄空手、そして現在へと繋がる、私の武術修行の原点でもある〝拳〟についての考察を紹介したいと思います。

異なった流儀

台湾で修行した中国拳法で技術以上に強烈に印象に残っているのは、その流儀の多様性でした。それまで私が学んでいた空手は、そのスタイルには違いはあれど、日本という国の独自の精神文化を土台に、ある意味で整った方向を持ち体系化されていました。

ところが台湾で出会った中国拳法は、様々な異なった種類の武術が千差万別に独自の稽古を行っており、中国武術界の広大さと、長く深い歴史を感じさせてくれました。それを一言で言えば、

「未だ測定不能な未知なる世界」

がありました。

やや乱暴ではありますが簡単に説明すると、日本の空手にも幾つかの流派がありますが、大別すれば、首里手・那覇手・泊手などから成り、それらをベースに、松涛館、和道流、剛柔流、糸

東流……といった〝日本四大流派〟と呼ばれるものがあり、多くの場合このいずれかの系統に属すると言われています。

それぞれの流派毎に特徴はありますが、突き詰めてみれば、基本や型は大同小異であり、違いはあるものの、いずれも源を辿れば幾つかの系統に纏めることができます。

ところが中国武術は揚子江を境に地域で分ける南派・北派（この分け方も異論がありますが）をはじめ内家拳・外家拳といった修行法や武術のコンセプトの違いが多岐にわたり、その拳種も蟷螂拳・八極拳・太極拳・八卦掌、形意拳……等々、非常に多くの流派が存在します。

色々知識もついてきた現在であれば、中国拳法もまたある程度の枠組みのなかで捉えることもできますが、初めて台湾を訪れた当時はその違いに驚きました。例えて言うなら、盆栽的な管理と集約の仕方をする空手と異なり、中国拳法は旺盛な好奇心と生命力の赴くままに発展、発達した観があったのです。

そのため現地で様々な武術や武術家の説明を聞き、その動きを見ても、動き自体に目を奪われ、その遣い手が真実、どの程度の熟練度であるのかを判断することが非常に困難でした。

そうしたなかで、フッと私のなかでひとつの回答として芽生えたものが〝拳の握り＝手のつくり〟であったのです。

例えば、衛老師の佇まいはこじんまりとした安定した体型から、独特に形を作る〝手〟に大き

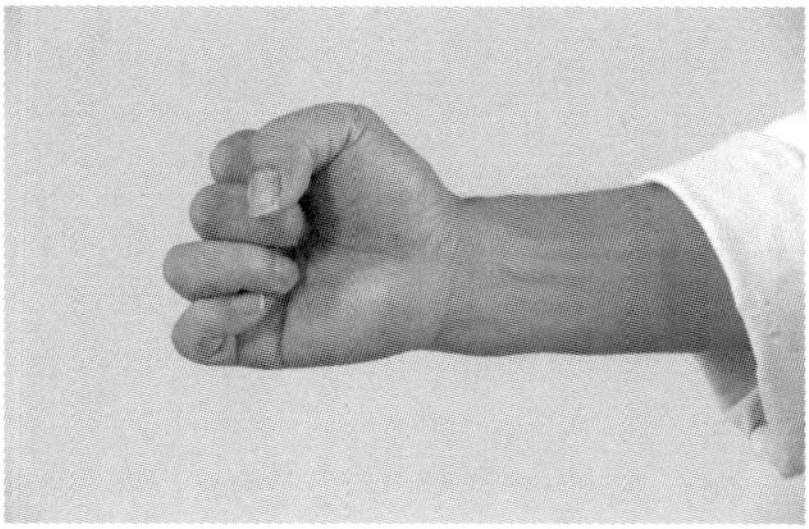
衛老師の拳（掌側）
人差し指、中指を握りをしっかり、
薬指、小指を緩めて握る。

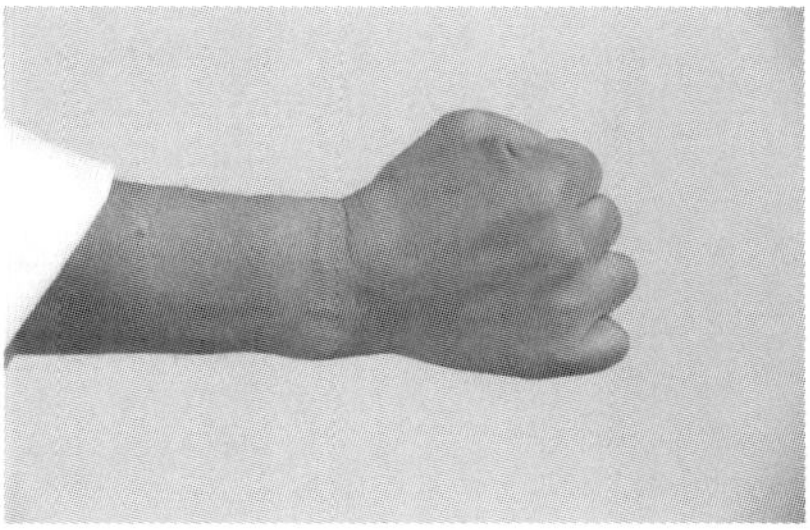
衛老師の拳（甲側）

な特徴を持っていました。それは私に突きの動作を見せる際にも顕著で、丁度〝人差し指と中指を握り込み、薬指と小指を緩めて握る〟といった特徴がありました。

それまで「五指をシッカリ握り込む」と習ってきた私からすると、とても気になる形であり、また異質に見えました。と同時に、その拳で衛老師が繰り出す拳の動き、腕の機動性や変化には強い興味を覚えました。

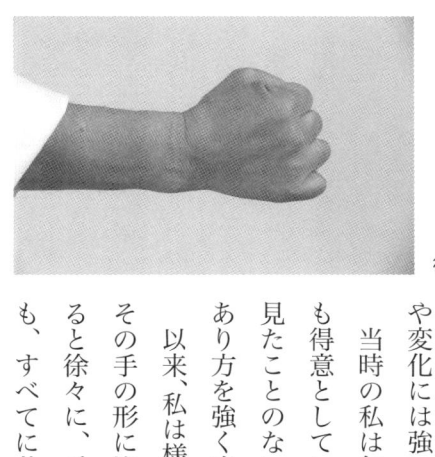

当時の私は毎日巻き藁を突き、試し割り等も得意としていましたが、衛老師のそれまで見たことのない拳を見てからは、改めて拳のあり方を強く意識するようになりました。

以来、私は様々な武術家の動きを見る際に、その手の形に注意するようになりました。すると徐々に、千差万別と思われた中国武術にも、すべてに共通した単純な見極め方があることに気がつきました。

この発見は、今日まで繋がる私のベースとなる思案法、〝違いを探すことより、類似点を感じ取る〟ということの始まりでした。

人はよく自流と他流の違いを見つけることで優劣を競い合おうとする傾向があります。しかし、本来人間の行っている効率の良い有効な動作にそれほど極端な違いはなく、更に動きは洗練され進化するほどに余分な部分が削ぎ取られ、真理に近づくものです。その真理こそが訓練の結果であるとすれば、すべての武術や武道の行き着く境地は同じものであると考えています。そして、そのひとつが今回の主題である〝拳〟なのです。

拳は作業の出口

沖縄には古くから武術を〝手＝ティー〟と呼ぶ習慣があったようです。

また中国では〝○○拳〟というように、武術を総括して〝拳〟の表示をもって表すことが普通です。

これらの共通点から類推しても武術と手は深い関係をもっていることが容易に理解できること

でしょう。

現在、体幹・体軸等の部分が「身体操作の要である」と注目を集めていますが、実は〝五指の活用＝手〟が、そうした体幹部と同等に大切であることはあまり知られていません。

考えてみれば分かりますが、人間の〝手〟は、私たちが行う多くの作業の出口であり、実質的に実行する重要な箇所です。

それは空手においても同じことです。ただ単に「拳を固めて力任せに殴ればよい」といった単純なものではなく。拳の形やそこにある高度な指の活用法が体幹から生み出されたスピードやパワーを最大限に生かし、結果としてまとめあげる重要な働きをもっているのです。

これはあまり知られていませんが、例えば試し割りをする際にはそれに適した手の握りがあり、人を打つにはそれに適した手の活用法があります。同じモノを打つ行為とはいっても物と人では大きく異なるわけです。それを同一線上の理解で効果を求めてはいけません。

しかし、その双方の理解を深めることによって業を成す手を造り上げることが可能になるのです。

握ると開く

人間の手の基本的な動きは〝握る〟と〝開く〟ことと言えるでしょう。

この単純な動きが様々に発展し、そのなかで個人個人の感性によりそれぞれの個性を反映させ、素晴らしい画家やピアニスト、技術者を生み出しているのです。当たり前のことですが体幹のみで高度な技術が生まれるわけではありません。

それは空手も同様です。

実はそれ程に〝拳の作り〟には高度な要素が含まれており、その時々に応じて変化していく技術であることを知っておかなければなりません。

それでは、ここで私が台湾で経験した中国武術の修行時代から沖縄空手への転換期を例に〝拳〟のお話を進めていきましょう。


私が台湾で衛老師の拳の握り方に注目したことは既に書きましたが、この一見〝中途半端に見える拳の握り〟は、衛老師以外の武術家の手にも見られました。

特に驚いたのは、沖縄で出会った沖縄小林流の仲里周五郎先生の佇まいと拳が、台湾でご指導を受けた衛笑堂老師と瓜二つだったことです。

お二人ともに薬指と小指を緩めて作る拳であり、そこに武術家として辿り着いた共通の境地を強く感じました。しかし、その時の私は、敢えてそのことを追求はしませんでした。下手に真似たりせず、台湾でも沖縄でも先生の言われる通り、その時の自分の持っている全精力を用いて自分の稽古に没頭していました。

そうした鍛錬の日々のなかであることに気がつきました。

それは仲里周五郎先生に武器術のご指導を受けている時のことでした。

それまで空手も中国武術もその訓練の中心は〝徒手空拳＝素手〟という流れで学んできたこともあり、いざ武器を持ってみると強い違和感を覚えました。

単純に〝手中に異物を握る〟ということが原因なのですが、〝強く握り過ぎれば武器を操れず、緩く握れば武器を落とす〟からです。

これは丁度鉄棒競技の握りに似ています。余分に強く握れば動けず、握りが甘ければ飛ばされる。緊張と緩めを同時に行い、親指を中心に繊細に四指を使えなければならないのです。

それでも続けているうちに、親指が握りの要を成すものであり、決して四指の中には入らない、ということが分かってきました。

いわゆる、

「手の活動は親指が支配する」

ということです。

武器も箸も鉛筆も親指の存在なくして扱うのが難しいことを考えればすぐ分かるでしょう。

すべての始まりはここにあるのです。

この発見以来、私はすべての動作を行う際に、親指に注意を払い力一杯全力で突き、打ってきました。ただ、あくまでも私個人の感覚であったため、親指の重要性は分かっているのですが、他人に説明することが難しく、もどかしく感じることもありました。

ところが、10年ほど前にある雑誌の取材で行った自分の突きの高速撮影で、改めてこの親指の働きが具体的に分かったのです。

驚いたことに、モニターに写った数万分の1秒の世界で映し出された私の拳の動きは、自分が意識していたものとはかなり異なった複雑なものでした。

真っ直ぐ突いたつもりの腕は、ゴムの棒のようにしなり、拳の捻りも引き手から180度の回転には留まらず、親指が真下を向くまで捻り込まれていたのです。映像を観て、「ここまで回転させてよく肘を痛めないいな」と我がことながら改めて心配になるほどでした。

しかし、この映像から得た情報は非常に大きなものでした。それまで感じていて、実践もしていたものの、自分でも分からなかった〝指の使い方〟の秘密が分かったからです。

その秘密とは、

〝親指を締めて鋭さを出すと同時に、薬指と小指を緩めることにより外腕筋肉を保護している〟

ということです。

実際に突きを出すときに試してみれば分かりますが、親指をしっかり締めることで、体の内側に捻り込む鋭さと強さが出ます。このとき、薬指と小指を意識的に強く握ると、外腕筋肉を固めてしまうため、内側への捻り込みにブレーキが掛かるように働き、突きの鋭さが削がれてしまいます。逆に薬指と小指を緩めると、親指側への捻り込みを邪魔せず、鋭い突きになることが分かるでしょう。

ただこれを意識的に行っているのでは、本当に使える拳にはなりません。

こうした指の使い方を含め、稽古のなかで自得して知らず知らずのうちに体が最も効率の良い方法を見つけた結果でなければ、本当の意味での武術の拳にはならないからです。また、これは指の重要性を表す一例であり、これだけではありません。

例えば指をふんだんに使用するピアノやギターといった楽器の演奏を考察してみましょう。いずれの楽器でも演奏中に四指は敏捷に、そして正確に動いていますが、このとき親指は他の指に比べればあまり動いていません。ですが、仕事をしていないかといえばそうではなく、常に他の四指の活動が円滑になるための重要な起点の役割を果たしています。親指が安定しているからこそ他の四指がブレることなく正確に動くことをサポートしているのです。

これはボクシング等の打撃系格闘技で言われる〝当て勘〟にも関連していると私は考えます。一見目標を見ずに振ったパンチが当たるのは、パンチを打ち出す時に親指で目標を捉えているため、通常とは思いもよらない軌道で目標を捉えているのです。

また、指と体の繋がりも重要です。親指一本で腕立伏せはできますが、親指を除く四指での腕立て伏せは難しいものです。これは親指が腕、胴体と深い繋がりをもっていることを表しています。

空手の学びのプロセスと古武術

ここで改めて思うのは〝空手の習得法が基本から型、そして応用とひとつの線で結ばれて向上する仕組みになっていることです。

1．初心者はまず拳をシッカリ握り、動作を学ぶ

←

2．巻き藁などで安定した的を打ち、しっかりした拳をつくる

←

3．拳を握りつつも、型などで全力の猛スピードで打ち出す状況に適応する

こうしたプロセスを決して気を抜いたり力を抜いて行うことなく、全力で行うなかで体に発見を委ねるのです。こうした順序を経て武術の拳は作られていくのです。

空手で意外に見落とされているのが、２の巻き藁です。

巻き藁によって型・基本で学んだ動作を用いて実際に物を打ち、自分の姿勢と的打ちとの関連

1981年、アメリカ・サンフランシスコにて。

を感覚で学びます。くり返し行ううちに、自分の軸やポジショニングの感覚が養えるわけです。

更に空手の拳は向上するに従い変化してゆくものです。高度化された拳はときには微妙な緩みと緊張を持ったものとなりますが、そればかりに適応していては基本を失い雑で弱い拳になってしまうことがあります。まずしっかりと握れるからこそ応用が活きるのです。

また巻き藁が持つ独特の弾力も大事です。打つ度に撓り、拳を通して返ってくる巻き藁からのリバウンドを自分の体のどの部分で感じるのかに注意することで、空手における独特な体の締めの集中を学ぶことができるのです。

もう一つ大事なのが沖縄空手の武器術（古武術）です。

私自身もそうであったように、武器を使うことでそれまでの固めて使うというイメージの強かった拳の使い方が一変し、手の内や腕自体の感覚が鋭敏になり、それまでとは違う地平の使い方が養われるのです。

古典的空手を語る際によく、〝徒手空拳と武器術は一輪の輪〟と言われています。その関連を解説する際に一般的には外から見て分かりやすい動作に当てはめることで、徒手と武器の共通点を説明されることがほとんどです。もちろんそれも要素のひとつであることは間違いありませんが、私がここで紹介したいのは、その最も大きな効果の秘訣が、〝手の指の活用法〟にあるということです。

空手に伝わる古武術を力強く・素早く、更に自由自在に武器を扱うためには、実に多くの要素があります。なかでも重要になってくるのが〝高度な握り方〟です。

〝握り方〟と言うと〝何々手〟といった、決まった手の形の名称が連想されますが、それは単に一瞬の形を捉えたに過ぎません。何故なら、武器は手の中で絶えず素早く動き、重心や回転軸が変化しているからです。そうした素早い動きや変化に自分の握りが対応できなければ武器は減速し、全体の動きが滞ってしまったり、武器が手の内から抜け飛んでいってしまうでしょう。

つまり一見したところでは分かりませんが、武器を遣う際に五指は絶えず必要な力と動きで活動し、力も指から指へと移動し、手首や腕などがそれを補っているわけです。そして、こうした指と体の関係は、武具を持たない徒手の状態においても活用されてゆくものです。

一度放たれた正拳は目標を捕らえるまでに様々な腕のうねり、筋肉・筋の変化が起き、それらを円滑に機能させ目的を達成するためには、高度で理に適った敏感な指の活動が不可欠となるのです。

空手における古武術には棒・サイ・ヌンチャク・トンファー・鎌など、様々な異なった形と特徴をもった武器術が伝えられています。それら異なった武器の一つひとつに異なった重心や回転軸があり、そうした様々な武器の稽古を行うなかで、指と体がどんな武器にも適応し自在に扱えるようになるのです。こうして武器で養った動きはそのまま、徒手の空手においても有効な突きや体捌き、拳の感触へとシームレスに活用される源泉を含んでいるのです。

空手と古武術の関連はここから始まっているといっても過言ではありません。

第4章

空手の手法「拳と貫手」

開手の技、貫手

前章の拳をお読みいただければ、空手の修行において最も基本の正拳にも初級・中級・上級といった段階があり、手の五指による握りを細密にすることで、単純な基本の直突きでさえも高度な技法に変化するということが理解していただけたことと思います。

またそうした握りを養うのが、型や巻き藁はもちろん、様々な武器を扱う古武術（武器術）によってであり、古伝の空手で〝徒手空拳と武器術は二輪の輪〟と言われている理由がよく分かったのではないでしょうか。

そこで本章では、五指を握り込む正拳とは対極に位置する〝開いた手＝貫手〟について解説したいと思います。

空手には正拳の他に、一本拳、手刀、二本貫手、貫手など様々な手法が伝えられています。それらはまさしく四指を伸ばした手＝貫手から、五指を握り込んだ手＝正拳へと変化する手形の中間の姿を捉えて、上手く工夫して用いるための変化技であると言えるでしょう。

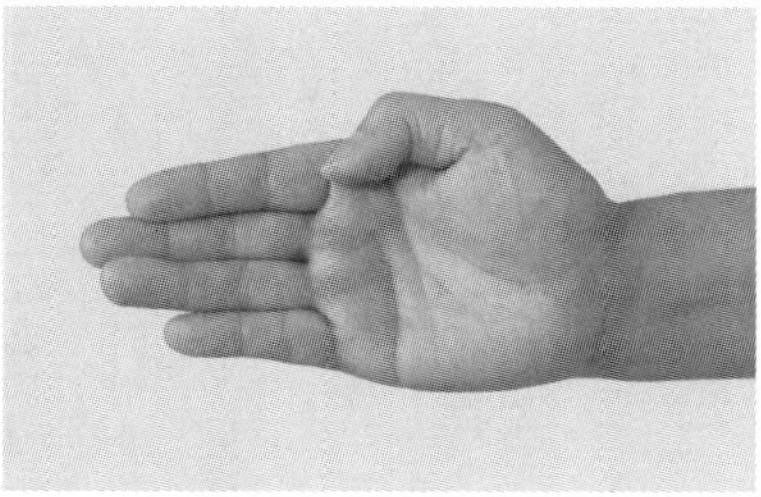
貫手（掌側）

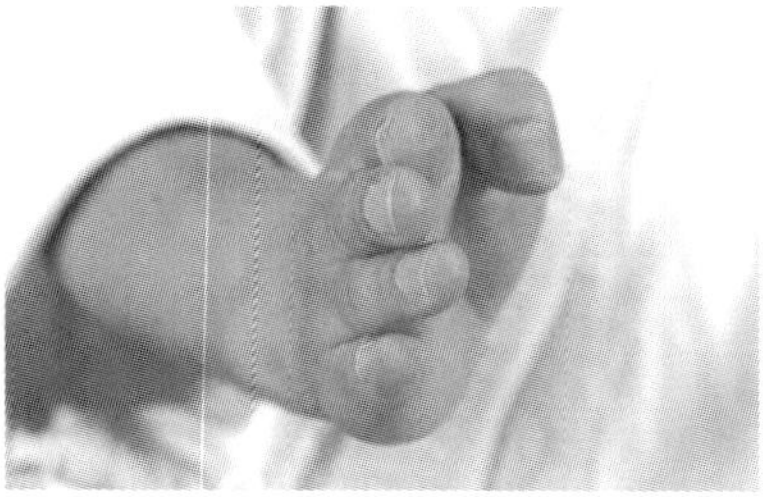
貫手（正面）

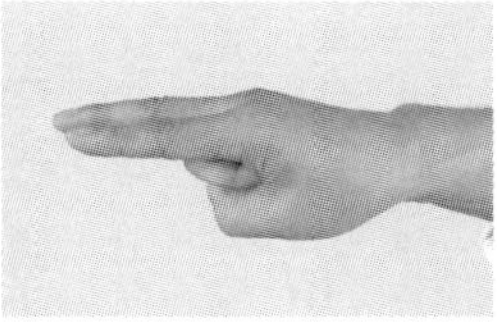
二本貫手（横）

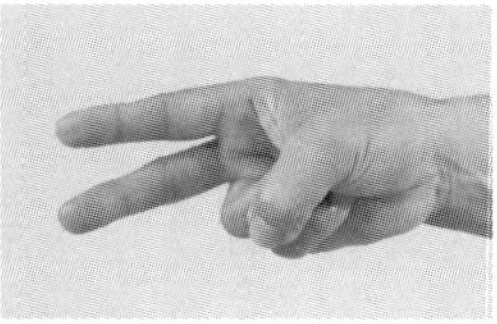
二本貫手（掌側）

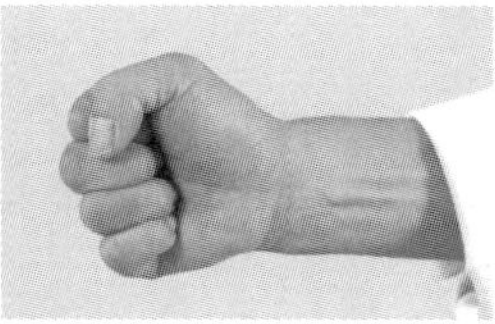
正拳（掌側）

突き蹴りを主体に行う空手において、貫手は揃えられた四指の先端で相手の体に突き込む、〝突き技〟のひとつとして伝えられることが多いようです。そのため、鍛錬法としては器に豆や砂を入れ指先で突き込むものや、人差し指から小指までを揃えて巻き藁や小さな的をコツコツ叩くといったものがよく知られています。

私も例にもれずに中学から大学までの間、多くの空手家同様にそうした鍛錬を続けたものです。

しかし、実のところ思った程の効果を感じ取ることができませんでした。

試し割り等で〝置いたリンゴを貫手で砕く〟ことくらいはできるようになったものの、実際に実戦で有効に活用できるといった実感を得ることはありませんでした。

その理由はまず第一に、組手のなかで貫手を使うイメージが持ちづらく、実際に使っても、とても不安定な感触がつきまとっていたからです。

突き技として一番安定した加速と命中率を持つものは正拳でした。その一方、貫手は牽制や痛め技としてはともかく、貫手の形でしっかり突くことを意識すればするほど、指を保護する本能が先に立ち、体が固まりやすく、居着きが生じやすいことに気がつきました。

この実感の裏付けとなったのは、台湾での実戦的な経験です。

既に紹介した台湾での中国拳法の修行の際に、成り行きで中国南派拳である洪家拳の一門の稽古場で一手交えたことがありました。

洪家拳といえば鶴、虎といった動物の動きを織り交ぜた力強い拳法で、開手で突いたり、爪を立てたりと型のなかにもかなり明白に各種の手法が用いられている拳法です。

そのときは既に数人の組手風景を見ていたので何となく雰囲気は掴んでおり、咄嗟にかわすことができましたが、いきなりの顔面へ貫手攻撃にかなりムカッときたものです。

相手は多彩な手形で迫ってきたのですが、頑なまでに型を守ろうとするあまり手に力を込めているため、体全体の動きは固く、手形が結果的に円滑な動きを邪魔している印象を持ちました。

ついでに書いておくと、実戦では堅固な正拳でも痛めてしまうことが少なくありません。まだ開手（掌底）の方がましですが、それでも方法を間違えれば怪我の危険度は増しますし、相手の歯に当たれば切れてしまいます。これは実際にやったことがある人であれば理解して頂けるでしょう。

もちろん組手と実戦はまったく異なるものであることは当然ですが、やはり咄嗟の状況で貫手、それも相手の中段に突き込むような貫手については、よほどの不意打ち以外での実用性に大きな疑問がありました。

型における貫手の存在

では、空手における貫手とは単なる形象のものなのでしょうか？

私はその様には考えません。

それでは、貫手の実体はどんなものであり、空手のなかでどの様に位置づけられ、その効力はどのようなものが考えられるのでしょうか？

この謎を解明するには、やはり空手の型のなかから考察していくことが最も有効な手段でしょう。

空手の型に登場する開手＝貫手は、私が学ぶ首里手系の小林流においては、ナイハンチ（初段の背刀）、ピンアン初段・三段、パッサイ、クーサンクー、五十四歩、等があります。

また那覇手系統では上地流などが三戦などで多く用いて訓練されています（引き手の開手は別）。

首里手系では貫手は基本的に、

直突き（ピンアン・クーサンクー）

掛け受け（ナイファンチ〈背刀〉・パッサイ）

等に見られ、那覇手の上地流においても同様の運用が見られます。

ここでひとつの単純な疑問に突き当たります。

それは、単純に開手の貫手を一番有効に効かせるのであれば、その的は、まず目、首、脇の下、などの人体の最も柔らかい部分が優先されるのが順序でしょう。

しかし、実際に型で見られる貫手の多くは中段＝胴体部を基準として登場するのがほとんどなのです。

また、仮に貫手を打撃として用いた場合、指先が的を捉えた瞬間、手首が不安定になる縦の貫手よりも、横向き（＝手の掌が下を向く）の貫手の方が安全に、また的確に的を当てやすいという実感がありました。これは実際に開手で物を突っついてみれば分かるでしょう。

ですが型のなかに登場する貫手は何故か縦です。

これは何故でしょう？
その答えは、すべて型の真の目的と概念によって解明することができます。
型稽古の目的は、

- **姿勢の作りによる武道的身体の探求と練り**
- **スピードとパワーの養成**
- **武技の習得**
- **心身の感性養成と心身の統合**

といったことになります。
これをもとに貫手を検証してみると、

- **貫手を用いた腕から背中、体幹部の関係を学ぶ**
- **動きのなかに起こる瞬間的な締めを学ぶ**
- **貫手を用いた技術への理解**
- **開手をした際に起こる体のエネルギーラインの感覚の習得**

クーサンクーに現れる貫手

パッサイに現れる貫手

となるでしょう。

ここで言えるのは〝空手の型はそこで現れていることがすべてではない〟ということです。

つまり目に映る突き蹴りで攻撃をするというような単純なものではないのです。

正しい貫手の作り方

貫手は一般的には四指を揃えて伸ばしつつも、若干内側に丸みを持たせることで指を保護し、親指は武器として用いる四指の打点を纏める（親指先が中指と薬指方向に繋がる）様にして軽く添えると言われます。しかし、これも絶対ではなく、その目的によって指先をピンと伸ばした形で用いることもあります。

何故なら貫手には、

・実際に攻撃するために用いる（突く）

・腕の充実を図る（力を腕に通す）

といった異なった目的があり、その時々に応じた貫手があるからです。

突きとしての貫手は、突くというよりは手を横にして、目標を貫くのではなく、むしろ引っ掻くように打ち込みつつ、最後に手首のスナップを用いて指先で目標を打つのが効果的な方法でしょう。

貫手の鍛錬というと、一般的には〝砂を敷いた砂箱に打ち込む〟方法が知られていますが、手首と四指を纏める親指との繋がりを明確にすることからも、貫手を横に用いて〝吊るした小さな砂袋を突く方法〟が有効であると感じます。

また、腕の充実を図る貫手とは、指をシッカリ伸ばし、体から腕、指先まで体全体の力の流れを創ります。本来空手の型には、この鍛錬としての役割があり、型を稽古するなかで動作・姿勢・指先が一体化した充実感を会得し質を高めていくわけです。

首里手のピンアン型における貫手検証

それでは実際に首里手のピンアンに見られる貫手の解説をしていきましょう。

貫手はピンアンの初段・三段に登場しますが、その共通点は、

・中段貫手を縦に放つこと
・次の動作が転身であること

です。

それは上級の型におけるクーサンクーでも同じ用いられ方をしており、こちらではより高度で明白に表現されています。

型を理解するうえで重要なことは、個々の動作をそのまま単独動作として理解するのではなく、そのなかにある本意を感じ取ることが重要なポイントとなるのです。

具体的には動きの前後に現れる動作同士の関連を実際に稽古のなかで感じて検証することが必要です。そうした観点からピンアン・クーサンクーに現れる貫手の同じような活用法は、その次に繋がる転身にその秘密が隠されていると言えます。

つまり、貫手を縦にして中段に突き込む動きは、それ自体が極め技というより、

・相手に掴まれた状態を示している

または、

・掴ませて技を掛ける

という状態を含んでいるわけです。

これは合気道などの稽古に用いられる、

1．受け側は開手で構え
↓
2．攻撃側がその手首を掴み
↓
3．受け側が技をかける

といった図式と同じです。

そもそも空手は総合武道として十分な打ち技、投げ技、関節技、その延長線上に武器術が組み込まれているものです。

型に現れる貫手はそうした〝投げ技〟〝関節技〟の訓練法から身体動作の基盤が含まれているということなのです。

突飛な意見に思える人もいるかと思いますが、〝拳〟の際にも書いたように空手の手は融通無

転換。
差し出した右手を捕らせて、
腕を極め投げる。

ピンアン・クーサンクーの貫手からの転身で現れる展開の一例。

碍に変化するものであり、貫手の開手はものを掴む前動作であると考えれば、ごく当然のことでしょう。

もちろん、貫手をそのまま突き技として活用することもあります。大事なのはその見た目の形に囚われず、常に全体性のなかで可能性を見つけることにあります。

そして、ここでも注目すべきは拳同様に親指の活用法です。

指導体系のなかではシッカリと折り曲げられた親指も、中級↓上級へと向上するに従い、その形が変形してゆくのです。そのバリエーションのひとつがこれから紹介するパッサイの貫手であり、変化応用形の鶏口にも繋がるのです。

相手の前手を右手で捕り、

引き下ろしつつ、

左手に持ち替え、

右貫手で顔面を打つ。

突き技としての貫手

それでは貫手を鍛え、攻撃として突き込む活用法についても解説してみましょう。

これまでにも触れてきた様に開手で作る貫手は、武器として用いるには多少心許ない感をぬぐえません。

拳をハンマーとして例えるなら、貫手はカッターナイフ的な感じで、鋭さはありますが丈夫さに欠けるといった感じでしょうか。

しかし、その特徴を活かして頚部や顔面を狙えば大きな効果が生み出せます。

ポイントは、

・接近した位置からの貫手の活用法

・指に添え木をして行う活用法

です。

その代表的な活用法を古式のパッサイの掛け受け（＝掛け手）の応用に見ることができます。

この際、掌を下に向けた掛け手から、

・素早く叩く様に指先で突く

・親指と四指で作ったＬの字型の手を相手の腕に乗せ、滑らせながら急所に差し込む

つまり相手の腕や体に沿って、これをガイドにして急所を打つのです。

この方法であれば、固い場所を突き指を痛めることなく、正確に柔らかい急所に貫手を突き込めるわけです。

そのためには、指を柔軟に使う必要があり、そうした指を養うのが、武器術や巻き藁なのです。

そう考えると、型はもちろん鍛錬法や武器術を含むすべての空手の体系のなかに貫手の養い方と活用法が折り込まれているのです。

パッサイに現れる掛け受けの動き
L字の掛け受けから、指先を充実させて廻し打ち、ヒザを抱え上げて踏み下ろす。

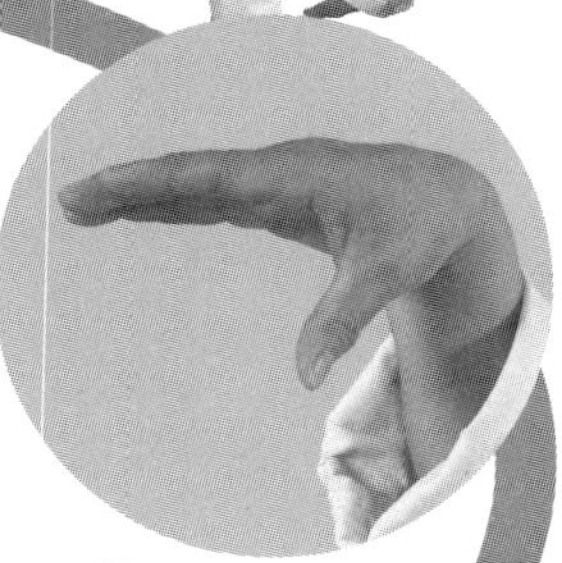

パッサイの掛け受けの用法例
Ｌ字型で引っ掛けた手をそのまま、相手の腕に滑らせガイドにすることで喉へ貫手を入れる。

武道身体の鍛錬としての貫手

もう一つ貫手の重要な要素は武道的な身体を養うことにあります。系統は違っていますが、上地流などで多く用いられる〝開手の三戦〟などがその最も代表的なものと言えるでしょう。

空手における力の源が体幹部にあることは既に多くの人の知るところでしょう。そうして生み出された力はカラダの四肢を通って末端の手足の指先まで流れて行きます。そして、そのターニングポイントとなる末端部の指先が内側に〝丸め込まれている＝拳〟と〝突き抜けている＝貫手〟とでは必然的に腕に流れるエネルギーが異なります。

そうした違いを稽古のなかで意識して鍛錬することによって、自分の持つ最大限の力を様々な形で生み出す武道的な身体の構築が可能となります。

貫手の場合で言えば、体幹から生まれた力の流れが、肩甲骨でシフトチェンジされ腕へと流れ、握られた手形のなかでシッカリと蓄えられるのが正拳であり、伸びた指先から更に外へと突き抜けるものが貫手となるのです。

言葉で読むだけではなかなか実感できないでしょう。そこでここでは簡単に実感できる実例を紹介しておきましょう。このふたつの異なった力の流れ方を感じ体得することは、人間の身体能力を局所的な筋肉の力で行うのではなく、身体全体のバランスや繋がりと、その構造から生み出される条件反応によって導き出される力を体感することで学び向上させるのです。

私はこうした体を〝武道身体〟と呼んでいますが、これは空手に限らず様々な武道はもちろん、身体運動全般を行う上で非常に重要な要素だと考えています。

力を感じる 01

まず、直立して片手を真っ直ぐに前に伸ばします。

その際にまず伸ばした手で拳を作ります。グッと拳に力が籠もるとともに、腕は張り、腕の内側に密封された力が充満する感覚があるでしょう。これが拳＝末端が丸まることで生み出されたエネルギーの充実感です。

力を感じる 02

今度はその拳を開き指先を真っ直ぐ伸ばしてみてください。すると今度は腕の筋が伸ばされた方向にスッと充実し、あたかも腕に心棒が通った様な充実感を感じるはずです。これが貫手＝突き抜けるという方向性から得たエネルギーの感触です。

貫手はひとつではない

以上、貫手について解説をしてみましたが、貫手には非常に多くの目的と活用法があり、それに伴って異なった手のカタチを要します。貫手の存在を明確に表す型における基本的貫手は、

・相手の掴み手を誘う手
・体から腕に筋を通す鍛錬

等の目的が主要となり指をシッカリと伸ばした手であり、それを応用した打撃としての貫手は、指を保護したカタチで幾分手を内側に織り込む貫手となります。

最後に、型の応用から直接相手を攻撃する貫手は、

1．動く相手を捕らえやすいカタチ
2．指の負担を減らす工夫

等に分類することができるでしょう。

手先の力を抜いて、
濡れたタオルを振
るようにして行う。
※ここでは手を鶏
口で行っている。
肘から先を円運動
で打ち出す。

五十四歩に現れる打撃としての貫手

山なりに手で弧を作ることで強度を持たせ、指の先で打ち下ろすように相手を打ち、さらに指先で顔を打つ。

五十四歩に現れる打撃としての貫手の対人例1
相手の突きを捌きつつ、首筋などの弱いところを貫手で打つ。

五十四歩に現れる打撃としての貫手の対人例2
相手の突きを貫手で打ち落とし、そのままカチ上げ手の甲で顎を打つ。

第5章

空手の蹴りと移動

蹴りは空手の華？

沖縄のいち地方武術であった空手が、今日の様に大きく世界に普及した要因を考察すると、まず簡単にふたつの要素が頭に浮かびます。それは、

1．有無を言わせぬ破壊力

2．華麗な動き

1の破壊力は試し割りで、そしてその2の華麗さとは型や約束組手等の動作にも起因することでしょう。

しかし、更に言えば、華麗さと破壊力を兼ね備えた〝蹴り〟の存在もまた〝空手の華〟と言えるでしょう。

空手が登場するまでの日本武術や西洋の格闘スポーツと言えば、組み合う柔道やレスリング、打撃系はボクシングの様に手のみを用いるものが大半を占めていました。そうしたなかで伝統的な武術を背景に持ちながら、〝足で相手を蹴る〟という攻撃方法を明示した空手は非常に珍しいものであったと考えられます。

それは空手が普及する過程で組手の研究のなかで最も進化したのが〝蹴り〟であることを考えれば分かりやすいでしょう。伝統派、フルコンのルールに拠らず、いずれにおいてもその時代時代にあった蹴りの名手が誕生し、今日に至るまで日進月歩であることを見れば、蹴りはまさに〝空手の華〟であり、ある意味で空手の魅力であるとも言えるでしょう。

今日の蹴りの種類

今日、空手の組手で活用される蹴り技は、ルール（倒す・ポイントを取る）の違いを越えて、前蹴り、横蹴り、回し蹴り、三ヶ月蹴り、後ろ回し蹴り、等が存在します。それらはもはやごく基本的な蹴りとして当たり前に行われる〝普通のこと〟となっています。

なぜこんなことを書くのかというと、私が空手の修行に足を踏み入れた１９６０年代後半の空手で、上段の回し蹴りや後ろ回し蹴りなどを見ることは稀で、比較的そうした蹴りを早くから取り入れていた私の道場が、交換稽古の組手等で使うと「汚い！」と随分罵声を浴びたものです。

一方で当時は珍しかった上段蹴りや後ろ回し蹴りなどは、一般的にガードの低い空手家には非常に有効な攻撃でした。

特に当時の私の師であった糸東流系の北村昭先生は、道場のなかで私が様々な蹴りを試みても無言で使うことを許してくれる度量の大きな先生であったことも幸いしました。

まだ子供の域を脱していなかった当時の私は、道場の組手でも想像力に任せるがまま自分の考える〝空手らしさ〟を求めて色々な動きを試していました。そのイメージは当時の映画やドラマ「姿三四郎」に出てくる桧垣源之助であったり、TVで見るキックボクシングや漫画の紅三四郎といったもので、思うままのことを組手のなかでも相手に試していました。そうしたなかで当時は珍しい後ろ回し蹴りもいつの間にか習得し、実際、私のこうした攻撃は道場の組手でも大いに効果があり、先輩方にもかなりのダメージを与えました（もちろん、それ相応の反撃も頂き痛い思いもしましたが）。

いま思えば、何も言わずに私の相手をしてくれていた先生や先輩方には大変感謝しています。その背景には、まだ本土の空手ならではの自由さや試行錯誤の時代であったのと同時に、何と言っても「当てられたら負け。負けたら終わり」という昭和の武道の意気込みがあった時代だったのでしょう。

それに関連する思い出がひとつあります。ある時、私の道場が試合に参加することになり、私もそのメンバーに選ばれました。空手の試合は初めての経験でしたが、幸いなことに全試合で勝つことができました。ただそのなかで一試合だけ延長戦にもつれたものがありました。

　このとき私は「試合がパターン化し、動きが噛み合い過ぎている」と感じていました。そこで再試合では「始め！」の声と同時に用意のラインから一気に飛び二段蹴りを放ち、これが見事に相手のガードを抜け顎に極まり一本勝ちを収めることができました。まだ蹴り技が少なく、直突きの地道な攻防が中心であった試合では、茶番技にさえ捉えられかねない蹴りでしたが、いまでもハッキリ自分の蹴りが相手の顎を捉える瞬間をスローモーション映像のように覚えているほどの会心の一撃でした。

　そうしたこともあり、先生からはそれまで以上に、

「お前は面白い奴だ。横山は好きな様に戦え」

と言われるようになり、試合では負け知らずで過ごすことができました。

　もちろんいま思えば技術的にはまだまだ足りない部分はありましたが、このとき自由に自分の蹴り技を研究することができたことは、これ以降の私の空手人生に大変プラスに働いており、いまでも北村先生には大変感謝しています。

古典空手の蹴り

蹴りにも拳と同様に、上足底、足刀、踵といった具体的な使用部位があり、前、横、後ろとそれぞれの方向ごとに使うべき部位が異なります。これを間違うと蹴った自分がダメージを受けるため、素早く的確に蹴る必要があります。

しかし、こうしたことはいつの頃から定まったのでしょう？

先にも書いた通り、私が空手を始めた１９６０年代後半の空手の蹴りはまだまだバリエーションに乏しく、そこから今日に至る過程で現在のような高度で多彩な蹴りへと進化してきたわけです。

そこには空手に限らず、ムエタイやキックボクシングなどの影響はもちろんですが、なにより大きいのは型ではなく相手と実際に向かい合い行う組手や試合の中で発達してきた近代的な応用技であると言えるでしょう。

その証拠は伝統的な空手の型のなかに、これらの複雑な蹴り技やそれらを髣髴させる動作が見られないことを考えれば容易に理解できます。

それでは〝本来の空手の蹴り〟とは一体なんでしょう？

この本の読者の方のなかには、

「元来の空手の蹴りは前蹴りと横蹴りしか存在せず、それも腰よりも高く蹴ることはなかった」

という言葉を聞いたことがある方もいるでしょう。

本来の沖縄空手は型の稽古が中心です。

その型のなかで蹴りの要素を探すと、小林流ではピンアンに見られる前蹴り、パッサイに見られる三ヶ月蹴り、クーサンクー大の横蹴り、といったところになるでしょう。しかしこうした型のなかには、今日の回し蹴りのような華麗な動きを思わす動作はなく、基本的には手技と移動で型が成り立っていることに気がつきます。

では古典的空手における蹴りの実態とはどの様なものであるのでしょう。

それを考えるうえでひとつの目安となるのが私が沖縄で仲里先生から御指導を受けた蹴りの教えです。

ピンアン初段に現れる前蹴りからの突き　※●の位置までヒザを抱え込んで蹴る。

バッサイに現れる三日月蹴り

クーサンクー大に現れる横蹴り　※●の位置までヒザを抱え込んで蹴る。

仲里先生の教えはとてもシンプルなもので、それは、

・その場蹴りの稽古をしない
・上足底等の名称や形を重視しない
・前進しながらサッカーボールを蹴るように力一杯蹴り上げる

この三つです。

もちろん仲里先生は私のキャリアや力量などを見て教えていたと思いますので、あるいは別の人には違うことを教えていたかも知れませんが、根本的にはこの三つに集約されると考えています。

なかでも最初の「その場蹴りの稽古をしない」は徹底されており、本土では一般的に行われていた、移動を行わずその場で蹴り込む稽古はほとんど皆無といってよいほど行わず、蹴りには必ず移動が伴っていました。

沖縄に来たばかりの頃の私は戸惑いながらも、とにかくそれまでの知識を捨てて指導されるままに力一杯行いました。この移動しつつ行う蹴りを稽古するうちに、しばらくすると自分より体の大きな外国人と組手をした際に、寸止めのつもりの自分の蹴りで相手が壁まですっ飛んでいくようになりました。何か特別な訓練や、サンドバッグを叩いたりするわけではなく、ただ速いテ

ンポで行われる先生の号令に従って、手を抜かず、力一杯蹴りながら前進するだけの単純な動作を繰り返すなかで、それまでの空手とはまったく質の異なる蹴りへと変化したのです。

ただ、動作は単純でしたが、非常に厳しいものでした。力一杯蹴った後に一々構え直すことなく、すぐに素早く移動しながら強く蹴る。その移動距離も徐々に長く、大きくなり、蹴りの射程距離が長くなります。

またこの時の立ち方は、いわゆる固定された「構え」ではありませんでした。いわゆる「構え」として本に紹介されている「形」は、こうした移動のなかの一瞬のなかに存在するのみで、動きのない「構え」とは根本的に違っていました。一連の動きを言葉にすると、

前屈立ちの形から→足の引き付け→膝挙げ→蹴り→膝の戻し→着地→自然立ち→スライド→前屈立ちの形

といった止まることのない循環運動のくり返しであり、そのなかで一瞬現れるのが前屈立ちと呼ばれる立ち方なわけです。

移動距離も最初の頃は七歩位かけていた壁も、稽古を繰り返すうちに四歩で着くようになり、最終的には三歩でも余裕になりました。この前進力がそのまま蹴りのパワーに繋がり、先に書いたように寸止めのつもりの蹴りで相手を壁まで飛ばせるものへと質が変化したのです。

前蹴をともなう前移動
仲里先生の道場では前屈からのこの動きを徹底的に体に叩き込まれた。

※●の位置までヒザを抱え込んで蹴る。

蹴りは移動のなかに含まれている！

こうした稽古のなかで気がついたのは、

「空手の蹴りと歩法は同列であり、蹴りは移動のなかに秘められている」

ということでした。つまり、

「蹴りは大前提として、移動する歩法のなかから生み出された自然発生の技法であり、運足の応用または変形・進化から発生した技法であるのではないか」

という実感でした。

先にも紹介した〝沖縄空手は高い蹴りを使わない〟という定説もまず歩法がありきで蹴りを考えれば容易に理解できます。

沖縄空手でしばしば使われる前蹴りは前進動作であり、ナイハンチで多用される横への動きもまた、横方向へのステップの変化、応用とそこから自然に出る横蹴りを養成するものと捉えるのが私にとってはとても自然なことに感じられます。

そう考えて型を見直してゆくと、それぞれの動作にある、細かな膝の出し方や脚の踏み込み方なども、見え方が変わり、そうした小さな変化で距離を短縮したり伸ばしたりすることが可能であり、あるいはそうした移動バリエーションの向上法のひとつに〝蹴りが活用され始めた〟という逆説さえも脳裏に浮かぶものです。

思えば移動の源である足で相手を蹴るという動作は、射程距離が長い長所をもつ反面、自分の体が居着く瞬間があり、掴まれやすく、体勢が崩れやすいという危険性があります。また、当時の生活様式（着物や履き物、足場など）からも適したものではなかったでしょう。そのため古典的空手のなかで、蹴りは攻撃技の主流でなかったことが想像されるのです。むしろ移動の一環として、間合いによって、足の甲や膝を踏みつけたり、相手の脚を払ったりといった使い方が主流であったのではないでしょうか。

空手の歩法を創る三つの原則、四つの踏み込み

ここまで、沖縄の稽古で感じた私なりの蹴りに関する見解を述べてみましたが、これを踏まえて、歩法について解説してみようと思います。

私が武道の歩法について、改めてその大事さに気がついたのは既に書いた通り台湾で衛笑堂老師の指導を受けてからでした。

それまでの空手の稽古では一定の距離で礼をして構え、始まる道場の組手が主流で、互いに〝これから攻防を行う〟という前提を共有した上で戦うスポーツ的要素が少なからずありました。

そうしたこともあり、間合いの感覚もまた、互いにある程度共有され、そのなかでの攻防のため、極端に大きな移動や変化は必要ありませんでした。むしろ異なった間合いを取り、その枠から飛び出すことは否定されており、跳ね返りなところがあった私は、しばしば注意されていました。

ところが台湾で指導を受けた衛老師はそうした感覚では攻防不可能な遠い間合いから、一気に接近して一気に離れるといった間合い感覚を持ち、様々な距離のバリエーションで自在に動いていたのです。

私も最初のうちはただ戸惑うだけでしたが、衛老師の動きを見ているうちに、段々とその動き

が刃物や棍棒などの〝武器〟や多人数を想定したものであることが分かり、それまでの自分の歩法と合わせて、

「なるほど武器を用いたり、生死を賭けた状況ではこうなるのか」

と実感しました。

この時の経験から、〝歩法〟は私の空手追求における重要な要素となり、沖縄空手を学ぶ際にも研究課題でした。実際、私が沖縄小林流で仲里先生から学んだ型のなかには随所に歩法の妙技を発見することができました。これは、私の沖縄修行のなかでも、今に続く大収穫のひとつといえるものでした。

それから随分時間が経つなかで、私が考える空手の歩法は基本的に次の三つに整理されました。

1．前移動

最短距離で相手に近づきつつ技を極めてしまうことを本義とした空手にとって、最も重要な移動運動で、前蹴りの基となるものです。

ナイハンチに現れる横移動
上体を安定させつつ足の交差で速やかに移動する。極めて独特の足捌き。

2. 横移動

横移動は先にも記したように、ナイハンチの型に見られる動きです。相手の全身を捌きつつ横、後ろへ突いたりする基本の移動運動です。

3. 転身

転身は貫手の項に登場した体を反転して移動するものです。試合などではあまり使われませんが、実際には敵の攻撃線を外しながら接近したり、ポジションを入れ替えたりと武術的には極めて重要な移動運動です。いわゆる回し蹴り系の動きも、もともとはここから発生したものと言えるでしょう。

ピンアン三段に現れる転身
貫手から、転身して接近、横鉄槌へ。転身することでポジションを変えつつ相手に接近する。

以上が基本の三原則となります。（通常は後退も入れるところなのでしょうが、動作的には下がっていても、動きの中身は前移動と同じだと私は考えて指導しているので、ここではこの三つを原則とします）。

この三原則を基に、次の四つの踏み込みが加わります。すなわち、

1．歩行の様に左右の足を交互に出す

2．左右の脚を交互に出さず、前足に後ろ足を寄せる

3．2とは逆に前足を後ろ足に寄せる

4．1～3を転身しつつ行う

です。実際にはこれに両脚の踏み替えを含

む、踏み込みの変化、リズム・歩幅などの要素が加わることで無限に変化するのですが、突き詰めれば先の三原則とこの四つの踏み込みに集約されると言えるでしょう。

これらは決して理論だけで判るものではありません。

何故なら、これらすべての移動には足の各指から踵までの足底全体を絶えず敏感に作用させなければならないからです。これは前の章で登場した拳と指の関係に類似したものと言えます。

武道の世界では古くから「足の指で床を掴む感覚が大事である」と伝えられてきています。それは一面真実でありますが、「絶えずそうすればよい」ということではありません。

足指が床を掴む瞬間、足底が床を離れる瞬間、移動の一瞬のなかに存在する瞬間のなかで、重心やバランス、動きの方向、体重の移動など、すべてを自然に、当たり前のように体と感覚で追っていかなければ、武術におけるスムーズな移動はもちろん、そこから蹴りに繋げることはできないのです。よく言われる〝摺り足〟にしても沢山の応用があるのです。

ほとんどの日本武道は素足で稽古を行いますが、これはそうしたことから生まれた智慧ではないかと私は考えています。

本章では〝蹴りと移動〟という観点からその関係を中心に解説してみましたが、こうした歩法を養うのは「型」です。改めて型と歩法については、「型」を説明するなかで行いたいと思います。

歩法三原則を組合わせた蹴り

正面立ちから前移動、前蹴り

半身立ちから横移動、横蹴り

正面立ちから前移動、廻し蹴り

正面立ちから転身、後ろ蹴り

第6章

立ち方が力を創る

立ち方に秘められた空手の基本

空手の稽古には、閉足立ち、外八字立ち、前屈立ち、他、多くの異なった立ち方が伝えられています。

空手という武道が立った状態を前提にした戦う技術と、そのための稽古体系から成り立っていることを考えれば、その土台とも言える立ち方が非常に重要であることは間違いありません。

しかし、いくら立ち方が大切とはいっても、空手の場合、ボクシングやレスリングといった西洋の格闘技や柔道・剣道といった日本武道やスポーツに比べても、その特徴的な立ち方と様々な種類が明確な形をもって伝えられているところが、他の格闘技・武術とは異なり特筆されるところです。

こうした様々な立ち方の指導や実際の動きは、スポーツや格闘技というより、舞踊やヨガ、気功法などの健康法に近いイメージかも知れません。

一方で空手の源泉である中国武術やインドのペンチャク・シラットなどのアジア圏の伝統武術には、やはり空手同様の立ち方が多く用いられ、それぞれに様々な立ち方が伝えられ、鍛錬法や型（套路）、技術が実践されていることを考えると、空手の立ち方もまた、その成立当初から今日まで、何かしらの目的や効果があるからこそ、伝えられてきているものと言えるでしょう。

一見何の変哲もない歩くという運動のなかでも、重心は絶えず変化している。

立ち方は空手の土台をなす

人間が二脚直立動物であることから、その生活は〝立って歩く＝移動する〟ことから成っています。こうした移動は、

開始姿勢 ←
移動 ←
終了姿勢

といった循環で行われています。

当たり前過ぎて見過ごしてしまいがちですが、こうした移動の瞬間瞬間には、絶えず姿勢と重心の関係に変化があり、さらにきめ細

かいコントロールが要求されるスポーツや武術の世界では、高度かつ特殊な移動能力が要求されることになります。そうした世界では、現代人にとっては生まれ持ったスタンダードな機能だけでは、扱いきれない重心移動も出てくるでしょう。

空手の習得の根幹を成す型の訓練は、人間が立った体勢で移動することによって、体や技を練ってゆく訓練法ですが、この型のなかで行われる如何なる動作のなかでも最も要求され養われるのが〝立ち方〟であると言えます。

前章の〝歩法と蹴り〟にも関連するところですが、突き蹴りといった技術は原則的にすべて移動のなかで行われる体の動きから生まれるものであり、型の開始から終了までの流れもまた動きのなかで如何に姿勢を保ち、言い換えれば〝如何に立ち続けられるか〟ということが問われているのです。

空手に伝わる立ち方の種類は、先にも触れたように他のスポーツのそれと比較しても多くの種類が存在します。

例えば、動き始めの開始姿勢をとっても、一般的にスポーツの世界でも〝構え〟に類するものはありますが、それらの多くは〝腰を落とす〟という重心の安定と目標に向けた集中状態を作り、その後は各々のルールに適した動き方へと注意のポイントが変わっていきます。

それは空手と同じ格闘技でも、競技化されているものについて言えば、空手ほど多くの異なった立ち方を設定しているものはほとんどないでしょう。

その理由はスポーツ競技の基本は、ルールの中で想定されることに対して洗練度を磨くことが優先されるものであり、逆に言えばそれはルールの上で不必要な事柄を極力省いてゆくことが優れたトレーニング法と言えるからです。

空手もスポーツ格闘技のいちジャンルと見なすのならば、確かにわざわざ余分な立ち方を伝える必要はありませんし、極論をすれば型の訓練も不必要と考えることもできるかもしれません。

しかし、ここで紹介している沖縄の空手は、そもそも競技の発想のない古典的な武術の概念を基に継続されてきた訓練法を指しているものであり、そこにはやはり空手が空手として成り立つ独特の価値観と効果が存在し、それに則した優れた体系が秘められているのです。

その独自の価値観とは、言うなれば空手の訓練法が武術の習得法でありながら、最初から限定した場所（リングや試合場）や時間を想定し、そこで許される専門的な技術の習得を優先して練る格闘技とは異なり、あくまでも単独の型によって自己の体の全域を活用した武道身体を開発し、それをもって技術が自然発生的に生まれ、様々に応用できるという総合的なコンセプトを基に構成されているからに他なりません。

言うなれば空手は、様々な状況に対応しうる〝自立した自己の能力の拡大〟の養成を求めたものと言えるでしょう。

そのために最初から特定の戦いのルールを定めて、そこから動作を解釈すると、空手の真意は伝わらないのです。

重心と足幅

やや前置きが長くなってしまいましたが、立ち方の解説を始めましょう。

まずは重心です。

人間は二脚直立動物で縦長の形態であり、真っ直ぐに立っているだけでもかなりの負担が掛かっていると言われています。

また両足を閉じれば体の横幅は狭まりバランスは不安定になり、逆に開けば下半身の土台の支持面積が広がるために安定度は増します。こうしたほんの僅かな体勢の変化から、私たちの姿勢は変わる仕組みになっています。

これを簡単に言えば、底辺と最上部の容量の関係による、重心の移動効果と足幅が生む支持面積の変化と言えるでしょう。

足幅が広ければ土台・支持面積が広く安定する。逆に閉足立ちのような立ち方では支持面積が狭くなり、頭の位置がこの範囲を超えるとバランスが崩れる。

閉足立ち　　支持面積

人間の体のなかでも頭部は全体の８〜15％と重く、その頭部が最上部に置かれているために、単に立っているだけでも重力によりかなりの負担が掛かっています。

その不安定さを解消するために、重心を下げ、足幅（底辺）＝支持面積を広げ、簡単に言えば頭を頂点にした〝三角形の底辺＝土台・支持面積を変えているわけです。

この三角形の底辺に直接関係するのが〝立ち方〟となります。

様々な分野で〝腰を落とせ〟といった表現で姿勢についての注意がされますが、これも〝腰を落とす＝安定させ力を充実させる〟ということでしょう。

このとき両足を密着させるように指導され

ることはまずありません。ほとんどの場合、肩幅かそれ以上に足幅を広げることが要求されます。

つまり三角形の底辺を広げることで腰を落とし、姿勢を安定させるわけです。

しかし、安定だけを求めると、今度は動作が鈍る危険性が生じます。

何故なら過剰な安定は丁度椅子に座ったような居着いた状態を作るためです。

そのために、一般的には両足のスタンスをとりつつも、〝上体を傾ける〟といった指導がされます。

これは頭が重い上半身と下半身の間に、ある種の不協和音を作り、そのバランスのズレをもって予備動作を極力排除し、直ぐに動くためのものです。

このように多くのスポーツ競技では、立ち方はその上体と下体との関係によっても、その機能を調節し補い合って指導・活用されていることが多いと言えるでしょう。


では、空手の場合はどうでしょう？

まず、空手ではそうした上半身と下半身の重心のズレを活用したものは明確には見られません。

型を行う際にもほとんど上半身の体勢は真っ直ぐに立てられた状態で行われているのがほとんどです。

また基本を行う上でも、体を前に倒すと真っ直ぐに直されます。

その典型が四股立ちであり、基本の突きの訓練です。

四股立ちを一言で言えば、

〝広い支持面積に直立した姿勢〟

です。

考えてみれば四股立ちのような広い歩幅で上体を立てれば、土台・重心は安定はしますが、足幅が広いため、必要以上に支持面積が広がり、次の動作・移動に結び付けるには到底不条理な条件が揃っているように見えます。

更にその他の空手の立ち方、前屈立ち・猫足立ち等を見ても、その特徴は上体の直立を基本と定められているものです。

特徴的な足の形と直立した上体……。この組み合わせは運動には極めて不適格であると言えなくもありません。

立ち方で創られる力の源　〝正中軸〟

では、何故空手の立ち方は、バランスという面から見ると移動に不都合な立ち方・体勢が用いられるのでしょうか？　単なる基本の突きの強化？　それとも足腰の鍛錬でしょうか？

もちろん、そうした要素も含まれているのでしょうが、ここで改めて注目して頂きたいのが〝正中〟という概念です。

正中とは直立の場合に人体を頭頂から会陰（肛門と急所の間）へ一直線に通る中心線を指します。この正中の概念は身体を左右双極で保つバランスの中心を描くものです、武術の世界ではよく用いられる身体概念と言えるでしょう。

空手もまたほとんどの場合、この正中を保つことを第一義としています。

私はこの正中について、いわゆる人体を左右均等に分けた縦ラインの中心線を正中線、骨盤のラインを骨盤線と呼んでいます。そしてこの正中線に重なる存在として、〝正中軸〟という概念を持っています。

この正中軸は姿勢により太くも細くもなり、太いときにはトルクのある重い力、細いときにはスピードのある鋭い力を発生させるモーターのような存在です。

自分では明確に感じているこの正中軸を人に説明するのは難しいのですが、イメージとしては地球ゴマというオモチャを思い浮かべて頂ければと思います。

地球ゴマとは外枠の付いたコマで、枠の内側で回転するコマのジャイロ効果（回転することで姿勢が乱されにくくなる現象）により、どんな場所でも回り続けられる一時期とても流行ったおもちゃです。私の言う正中軸はこの地球ゴマと同様に、一見すると止まっているようにすら見えるほどぶれのない軸であり、常に力を発生させている存在です。

ここでいう力とは突き蹴りのみを指しているのではなく、移動を含むすべての動きのもとです。先ほどのバランスのお話について言えば、基本的な空手の動きには体の上下のバランスを意図的に崩して移動したり、攻撃力にすることは含まれていないと私は考えています（例外的に倒木法と呼ばれるものがそれに当たりますが、こちらについては後述します）。原則的には常に安定した状態のまま動くことにより生み出される〝姿勢の強さ〟がそのまま力となって発揮されるものであり、ナイハンチ立ち、四股立ち、猫足立ち……などの空手の立ち方はその姿勢の力を様々に発揮するためのものだと考えています。

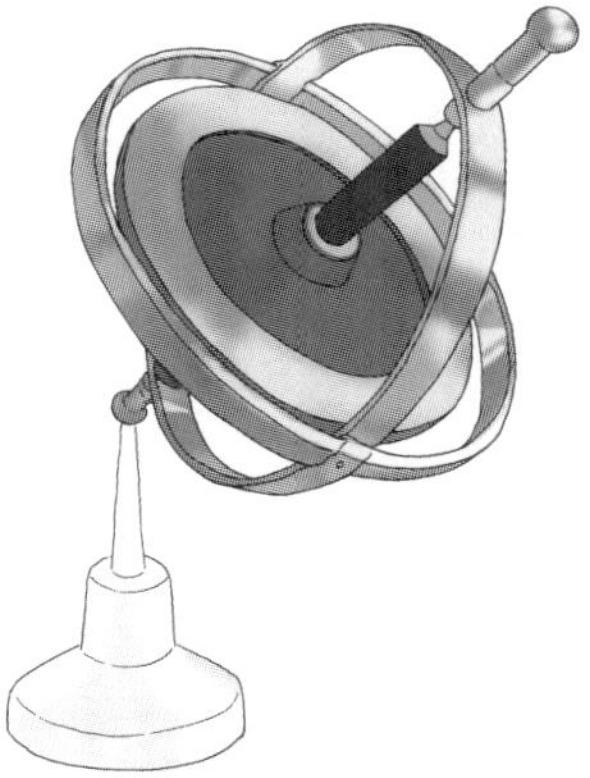

地球ゴマ

私の言う正中軸とは、そうした姿勢の変化により形を変えるものであり、極端に言えば、この正中軸を太くしたり細くしたりすることですべての動きは生み出されています。

ではそれはどの様にして起こすのでしょうか？

ここで重要になるのが骨盤・股関節の存在です。

空手で行われる様々に異なった立ち方は、この骨盤の開閉と股関節の自由度を作り、それにより起こる正中軸の変化により動くのです。

空手で用いられるすべての立ち方には骨盤・股関節の開閉が伴い、それらは自然に身体内部に様々な変化を生み出します。そうした訓練のなかから次第に正中線と言われるものが感じられるようになり、さらに進めることで私が言うところの正中軸という、姿勢自体が作り出す力の源が練り上げられるわけです。だからこそ空手は型で養われる稽古体系を持っているのです。

そう考えれば空手の最も基本とされている四股立ちの中段突きは、この骨盤・股関節の閉じを基に芯の締まりを創り、その〝条件反応＝正中軸の起こり〟を上半身に伝達する訓練であることが理解できるでしょう。だからこそ上半身の動きは、肘を締め、中心部に向かって突きを絞るように出す動作が有効になるのです。骨盤・股関節が締まり、正中が線上に絞られた正中軸のある体を創るためには、力を内側に集中させることが最も有効であり、またそうした動作の反復練習によって武道身体や動きの充実を体感のなかで練り上げてゆけるのです。

私自身について言えば、この正中軸でふつふつと湧き上がる力を一瞬に爆発させることで、ほとんど予動作のない瞬撃的な動きを発揮しています。

立ち方と正中軸

四股立ち

つま先を外に向けて立つことで、骨盤が閉じ、正中軸が細くなり、速く鋭い動きを生み出す。

ナイハンチ立ち

つま先を内に向けて立つことで骨盤が開き、正中軸は太くなり、圧力のある力を生み出す。

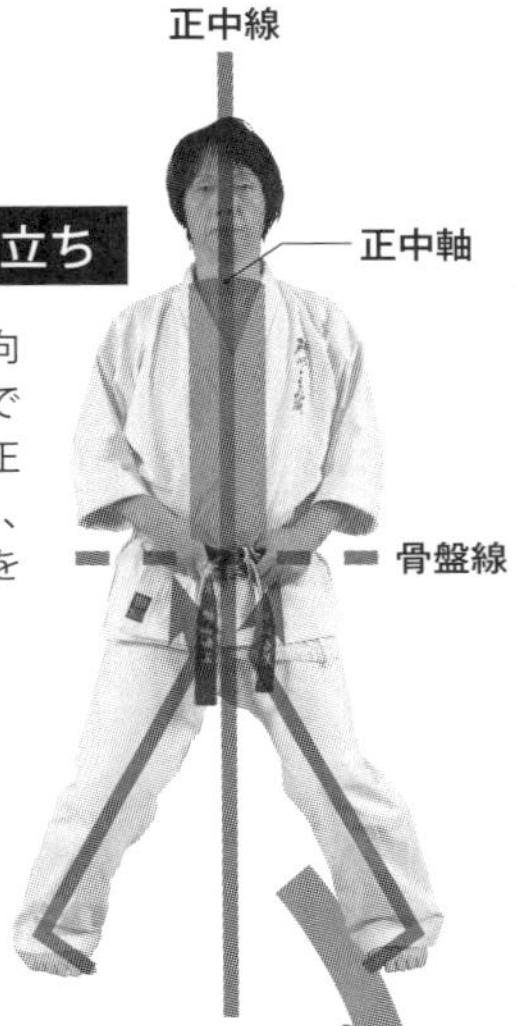

前屈立ち

四股立ちを横に展開すると前屈立ちとなる。

猫足立ち

ナイハンチ立ちを横に展開すると猫足立ちとなる。

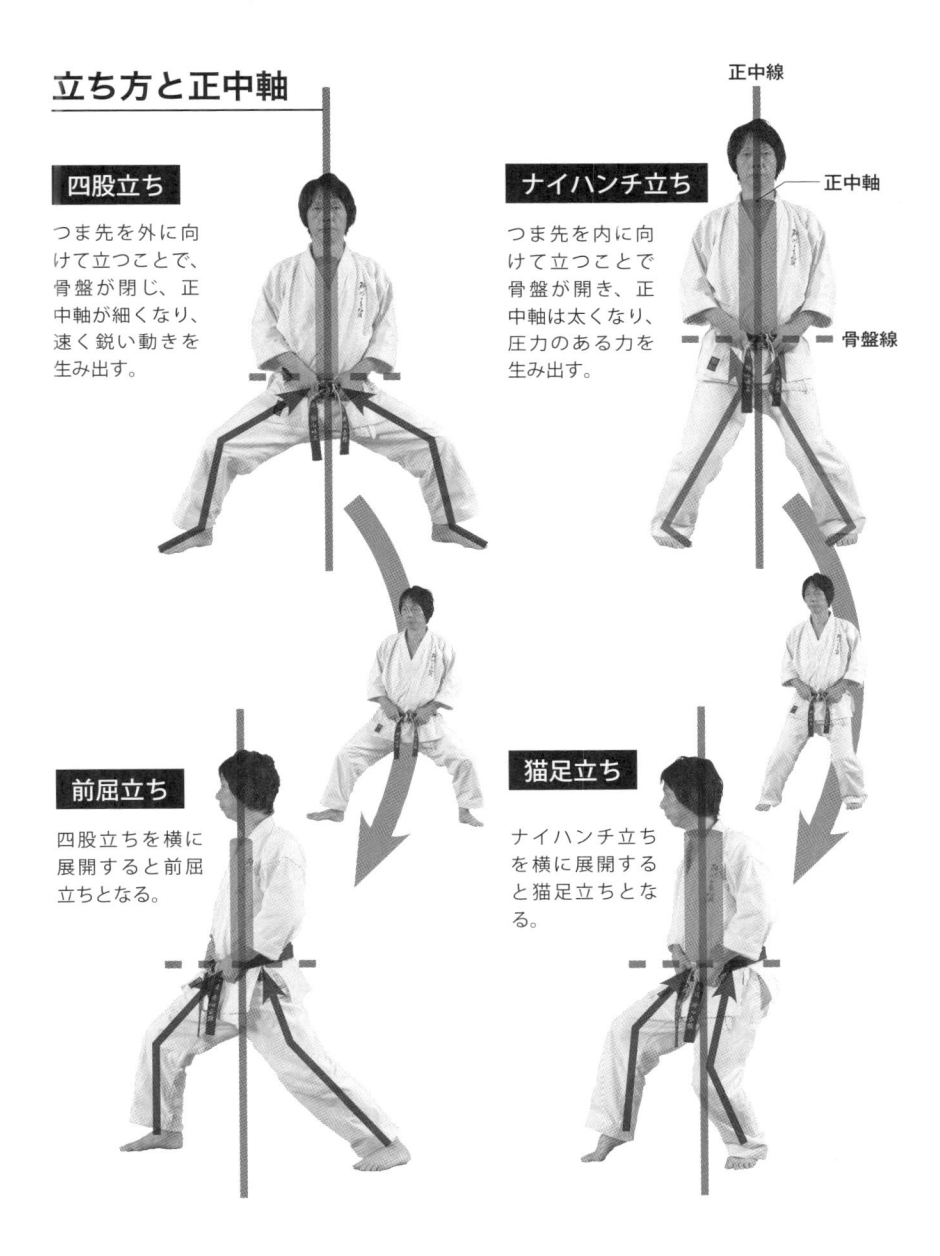

空手の立ち方は三種類に分類される

以上、空手の立ち方について説明してきたことを一言で言えば、

空手における立ち方の目的は身体内部にエネルギーを創るためである

となるでしょう。

その意味では本章の冒頭で触れた、「空手の型は格闘技というよりはヨガ・気功他の健康法に近い」というイメージも容易に理解できるかと思います。

さて、このように解説すると「空手の初歩的な立ち方からしてそんなに複雑なのか！」という印象を持つ方もいるかもしれません。

そこで簡単な立ち方の分類方法を紹介しておきましょう。まず、

- **細い正中軸系**
- **太い正中軸系**

・重心系

といった目的・作用別に三種類に分類できます。これに照らし合わせると、

・骨盤・股関節の閉じ、細い正中軸を創る↓四股立ち
・骨盤・股関節の開き、太い正中軸を創る↓ナイハンチ立ち
・重心を上部に上げ不安定を作る↓閉足立ち

の三種類になり、空手におけるすべての立ち方の基本となるものが、この三種類の立ち方の応用と言えます。

例えば空手で最も多く用いられる前屈立ちは、骨盤・股関節の閉じを創る四股立ちの応用・変化であり、力は内側に真っ直ぐに集中し細い正中軸を創ります。また、猫足立ちは、骨盤を開くナイハンチ立ちからの変化と言えるでしょう。那覇手の基本である三戦立ちもナイハンチ立ちと同系列で、同じものと言っても過言ではないと思います。また、ナイハンチ系は正中軸が広がることで太い軸を創り、円形運動に適してます。

そのため鉤突きなどの肩からそのまま前方に突き出すものが有効です。野球のバッティングな

どもナイハンチ系の動きと言えるでしょう。

　ほとんどの空手の動きはこの四股立ちとナイハンチ立ちの二種類から起こっていると言えるでしょう。実際に動きのなかで多く活用される前屈立ちは、四股立ちと同様、骨盤・股関節の状態が閉じる状態から作られています。

　また前屈立ちと同様に多く用いられる猫足立ちは、それらの開きからなるナイハンチ立ちからの応用になるわけです。どちらの立ち方も体を真正面に向けた最も基本的な姿勢から、前後の移動という一段高いレベルで活用するべく半身近くに変化させたものであるといえます。


　このようにして空手の型のなかに用いられる様々な立ち方を、四股立ち系とナイハンチ立ち系に分けてみると様々な発見があるはずです。

　例えば野球のバッティングもこうした視点で見ると、バットの振り始めは骨盤・股関節を開く太い正中軸のナイハンチ系の回転軸で体を捻り、ボールを捉える前後は骨盤・股関節を閉め、細い正中軸に絞る四股立ち系への変化､その後前屈立ち形のフォームにシフトして打球を目的方向、一直線に飛ばす、という様に捉えることが可能です。

　前屈立ちも猫足立ちも、正中軸を動作に活かすための応用・変化であるとは言え、骨盤・股関節の状態はいつでも軸を細くも太くも変化することが可能な中間的状態であり、後ろ足、前足の角度を僅かに変えるだけで正中軸の太さを変化させることができるのです。

四股立ちを活用した相撲の鉄砲。

ナイハンチ立ちから四股立ちへの変化によるバッティング。

崩れを利用する〝倒木法〟

そして、最後が閉足立ちに代表させる直立系の姿勢と立ち方です。

直立系の立ち方は骨盤・股関節の開閉は重要ではありません。その理由は、ここで必要なのは正中を基準にした斜め線が重要となるからです。

ここまで書いてきた四股立ちやナイハンチ立ちが、骨盤の開閉により起きる正中軸の変化を活用して力やエネルギーの充実を図る感覚的訓練法・活用法であるのに対して、この直立系の立ち方では、重心の位置の変化における崩れを活用した具体的な移動法の基礎を示しています。そのため、わざわざ不安定で無防備とも思える外八字立ちなどが用いられるのです。ですので外八字立ちは決して〝礼をする体勢〟といった単純なものではありません。

したがって、この崩れも、

正中軸の認識
正中軸の活用
斜め線の創り

といった様にレベルアップさせて会得しなければなりません。

この崩れによる動作を私は〝倒木法〟と理解し、左肩から右足、右肩から左足、といった斜めの線を身体の中に引き、これを意識的に倒すことで予動作のない迅速で自重と重力を利用した大きな力を生み出します。

斜め線のイメージ

こうした軸の崩しによる移動法は、必ずしも足幅が狭いことが条件ではなく、足幅の広くドッシリした前屈立ちや四股立ちにも活用されます。その際に用いられるのが移動方向の足を抜いて体を崩すいわゆる〝膝の抜き〟と言われるものになります。

斜め軸を倒すと同時にヒザを抜くことで動き打つ。(『Principles of Karate』より)

倒木法の動きは覚えてしまえば意外に簡単なため、比較的使いやすく即効性があるという利点があります。

その反面、どうしても動きに居着きをつくりやすく、ストップアンドゴー的な動きになってしまいがちのため、メインの動きとは言えず、基本は正中軸から発生する力による、切れ目のない力・動きと連動させることで効果を発揮するものであると私は考えています。

以上のように、空手は、

形（カタチ）から体中を創り、形（カタチ）の応用で動く

ことが原理原則であり、これをどのレベルまで体得してゆくのかが、空手の訓練であり修行の深さなのです。そうした独特の訓練法の一片が明確に描き出されているものが空手で活用される立ち方の目的であると言えるのです。

第7章

型に入る

型こそ空手

私は型は空手という武道を修得するために最も重要なものだと断言します。

何故なら空手が空手として成立し、得られるすべての能力（私が言う正中軸を含む）の養成がこの型稽古のなかに秘められており、最適化された訓練法であると感じているからです。

様々な格闘技や武道にはそれぞれに適した様々な用具や、単独や対人による訓練方法が体系化されています。

例えばボクシングの場合、ボクサーとして完成するべくランニングを始め、ロープワーク、筋トレなどのトレーニング法やサンドバッグやミット、スピードバッグなどの様々な用具が存在します。

同じように空手には空手を学ぶためのシステムがあり道具があります。

そのシステムであり道具となるのが型稽古なのです。

特に空手の発生の地である沖縄では稽古は絶えず型を中心として行われ、本土のそれとは比べ物にならない回数と密度をもって繰り返し行われます。

正に空手＝型であり、型＝空手といっても過言ではない程の深い繋がりを持っており、私自身、何よりもこの型稽古の効果を心身でヒシヒシと感じてきたものです。空手における独特のスピード・威力・変化・技法などはすべてはこの型のなかから生まれ、養われていると言っても過言ではありません。

武道としての空手を考えた場合、競技化されたボクシングや他の格闘技などの、特定のルールを基にした攻防を体系付けしたものと異なり、すべての状況で自分の能力を最大限に発揮するべく稽古がなされるものです。そのために必要なものは特定の敵を想定した攻防の技術の習得ではなく、あくまでも自己の武道身体の向上を求めるものであり、それを習得する道具が型となるのです。

沖縄の型と本土の型

空手の型が具体的にどういった要素を養うのかを説明する前に、少し空手の型について考えてみたいと思います。

当然ですが沖縄から伝えられて来た日本本土の空手にも型が存在しています。また私の知る限りにおいて日本本土の型も、沖縄に伝わる型も、多少の違いはあっても、両者の型の順序や動作にはそれほど大きな違いを見ることはありません。言い方を変えるならば「まったくの同類のもの」とさえ言えるでしょう。
しかし、その型の内実を見てみると、やはりその本土と沖縄の型の間には大きな違いが感じられます。それがこの本の冒頭に書いた、

〝同種の基本が伝えられている〟〝同種の型が伝えられている〟

ということと

〝基本の概念が違う〟〝型の概念が違う〟

ということです。
近年沖縄の空手が各方面で注目され、様々なメディアでその術理や型についての紹介を目にすることがあります。しかし私的見解を述べるならば、そのほとんどが、

〝既にある本土の空手の知識や価値観を基準にした見解や解説〟

であると感じています。

つまり沖縄の空手型を見る立ち位置そのものが、本土側から見た、「これは何に役に立つのか」「これをどう使えば良いのか」という欲求や期待、イメージをベースにしているため、ありのままの沖縄空手を根底から理解・分析する以前に、既にある種の制約された視界を作ってしまい、その視野の外まで意識が届きにくくなっていると感じてしまうのです。

そうしたこともあり、世に出る沖縄空手の情報の多くは、どうしても〝身体操作〟や〝型分解〟などが中心となり、誰にでも容易に理解できるビジュアル化しやすい部分に偏る傾向があるように感じられます。実際に私のところにしばしば送られてくる質問にもそうした類のものが多いのも事実です（私自身、自戒の念を込めてのお話です）。

そこでここでは、そうした本土的な先入観をすべて捨て去り、改めて私自身が感じたまま、得たままの沖縄首里手の型についての私見を紹介してみたいと思います。

型はまず動くことからはじまる

型と言うと、その語句のイメージには、どうしても物事のカタチを説いた堅苦しい印象がまず思い浮かぶのが一般的なところでしょう。

私も沖縄に渡る前に、本土の幾つかの空手流派に学び段位も得ていましたが、その当時はまだ若く、とにかく組手や実戦の向上に繋がる稽古を優先していました。言い換えればそれが当時の私にとっての、空手のすべてであったのです。

そのために道場で稽古終了前に行う型稽古は、激しい組手の熱を冷まし、その日の稽古の満足感に浸るクールダウンと空手の基本動作の確認的な感覚で行っていたものです。そうしたこともあり〝型は正確に動く〟〝余分な力を抜く〟、〝呼吸に合わせる〟などの他に精神修養にも似た感覚で行い〝動〟でありながら〝静〟をイメージした稽古法として捉えていました。

ところが沖縄に渡って出会った空手の型は、その真逆ともいえ、かなりのカルチャーショックを受けました。

それは、

〝正確さよりもまず動く〟〝フルパワーで動く〟〝呼吸を意識できないほど動く〟


といったもので、それまでの型の稽古とはまったく違ったのです。

これは既に書いたことですが、当時御指導を受けた仲里周五郎先生の号令はとても速く、それについて行くだけでも大変なことであった上に、「力が足りない」「腰が高い」といった武道では当たり前の単純な指導のなかで、スピードとパワーの発揮を求められたものでした。

〝速く動けば足元が浮く〟、〝力を込めれば追いつかない〟

という、まるで成立しないふたつの真逆の動作を強要されるもので、

〝型の稽古とはこういうものなのか？〟

と迷いと驚きに戸惑うことすらできないまま、ただ必死でその稽古に食らいついたものです。

ですから、「姿勢は正しいのか？」「正中線は正しいか？」などと言っていてはとてもついてはいけず、結局、「そんなことは後回しだ、とにかく力一杯技を出し、最速で動くのが精一杯」といった開き直りの境地で、沖縄の暑さと動きの激しさに頭もボーッとさせながら〝ただただ動く〟のみであったものです。

それはそれまでもっていた型のイメージとはまったく異なったもので、正に、

〝型で打つ・叩く・壊す〟

といった様相でとても激しい訓練法であったのです。

しかし、実はそこにこそ、〝型の持つ真の目的が秘められている〟と気が付くのにはそう長い時間は掛かりませんでした。

空手の型は攻防動作の姿勢から姿勢への変化を一連の動作にまとめて体系化したもので、その

反復練習により空手に必要なバランス・力・スピードを養成してゆく訓練法です。

しかし、「型」という言葉と「極め＝カタチ」というイメージに囚われ、一分のブレも許されない硬いロボットの様な動きになることを目指したものではありません。

逆に、動作を技にしてゆくためには、この微妙な〝ブレ〟を活用することも重要なポイントなのです。

この辺を正確に理解して頂くことが非常に困難であることは、私自身のこれまでの指導のなかでもヒシヒシと感じています。

理由の一つは、従来から定着した型へのイメージ、つまり〝一つひとつの動作をきっちり行う〟という思想が非常に強く、それを基準に考えると、私の指導する方法とはかなり違いがあり、一見間違った動作に映ることも多いからです。

事実私自身も初めて沖縄の稽古に参加した際には、そこで見た先輩方、先生方の動作が非常に雑に映り、多少の失望感も覚えたものです。

しかし、それまでの経験や知識を捨て去り稽古に没頭していくなかで、そうした印象がすべて自分の中にある空手に対するある種の固定観念から生み出された誤解であったことに気がつきました。

今では当時のそうした「沖縄的な動作や型は見栄えが悪い」というものが間違った理解であると分かります。

型を行う際のイメージ

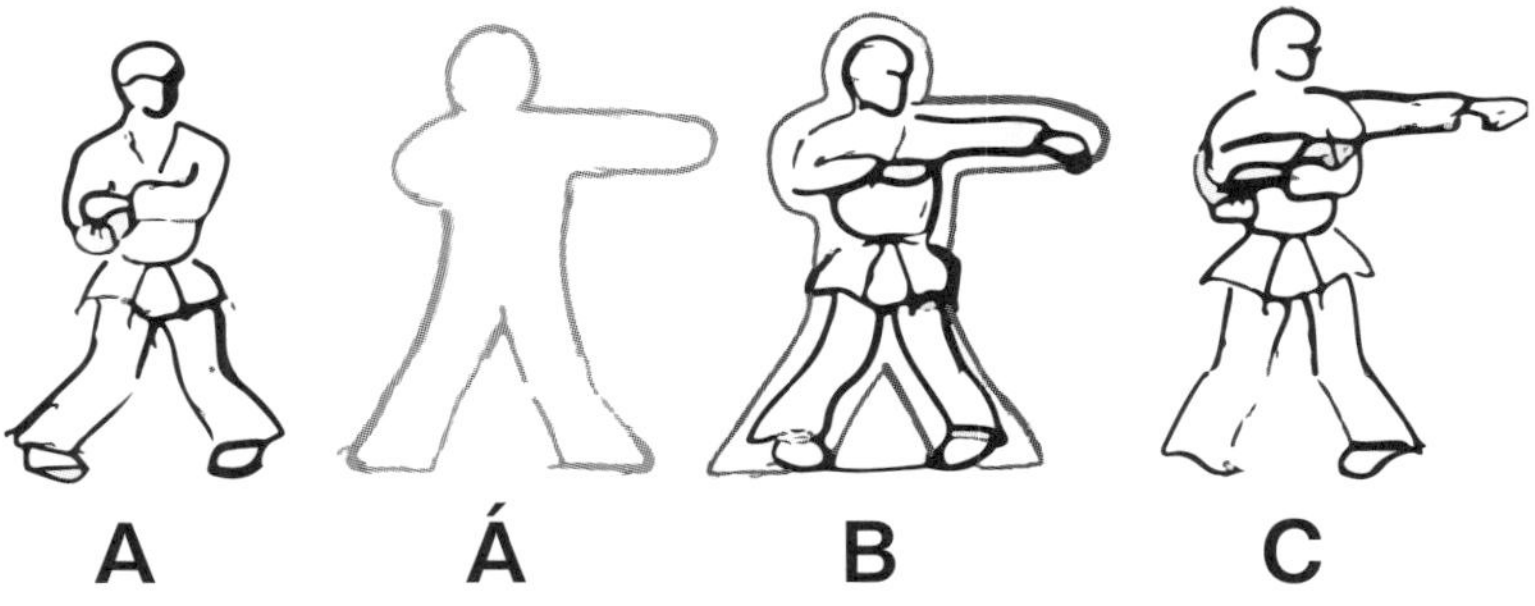

熟練した沖縄の型は本土の空手の型とは異なった迫力・風格を持ったものです。その芸術的魅力は日本空手の華麗さとは異なった重厚で素晴らしいものがあるのです。

多少脇道に反れましたが、ここでは簡単な図版を使って、その型の活用法を解説してみたいと思います。

Ａは動作の始まりです。そこから次の型の〝カタチ〟として設定されたÁへと変化していきます。

一般に型の稽古では、如何にこの〝カタチ〟へ素早く正確に動くかが求められ、当然、無駄な動作は限りなく排除することになります。

ただ私自身の指導では、必ずしもピタリと〝カタチ〟に収まる必要はないと考えています。むしろ薄皮一枚の多少の〝あそび〟、現象としては体が鞭や竹のように撓る感覚が実は重要なのです。この〝あそび＝余裕〟が、身体の波動的な運用と相手に通る力を養成します。

ですから理想の〝カタチ〟に波動となった自分が丸ごと飛びこみ（B）、極まる（C）ようなイメージで行うことが重要なのです。

型の稽古はこの波動的な感覚を学び取り、号令の工夫と反復練習のなかで無駄な動作を削り取り、高度な動作を練り上げていくことが目的だと私は考えています。6章に登場した正中軸で言えば、常に正中軸に力を保ったまま、動くことでさらに力が増していくように行うことが型の本願であるのです。逆に最初から正確に、一つひとつの動きをピタリと止めることを前提に行うことは、持っている力をセーブしてしまい、無意識のうちに自分の力にリミットを設けてしまうことに繋がります。

もちろん最初のうちは型を正確に覚え、行うことが大事です。ですが、いつまでもそれだけに拘ってしまうと、空手の持つ爆発的な力、生命力とも言える体の内なる力の使い方を引き出すことができません。ここに普通の動きを超える鍵があるのです。自分が一通り型がこなせると思ったところからが本当のスタートなのです。

身体内外における変化

私自身、そうした激しい稽古のなかで精一杯空手の姿勢を保ち、立ち方を活用してゆく葛藤のなかで、いつからかひとつの特殊な感覚が私の身体内に宿り始めました。

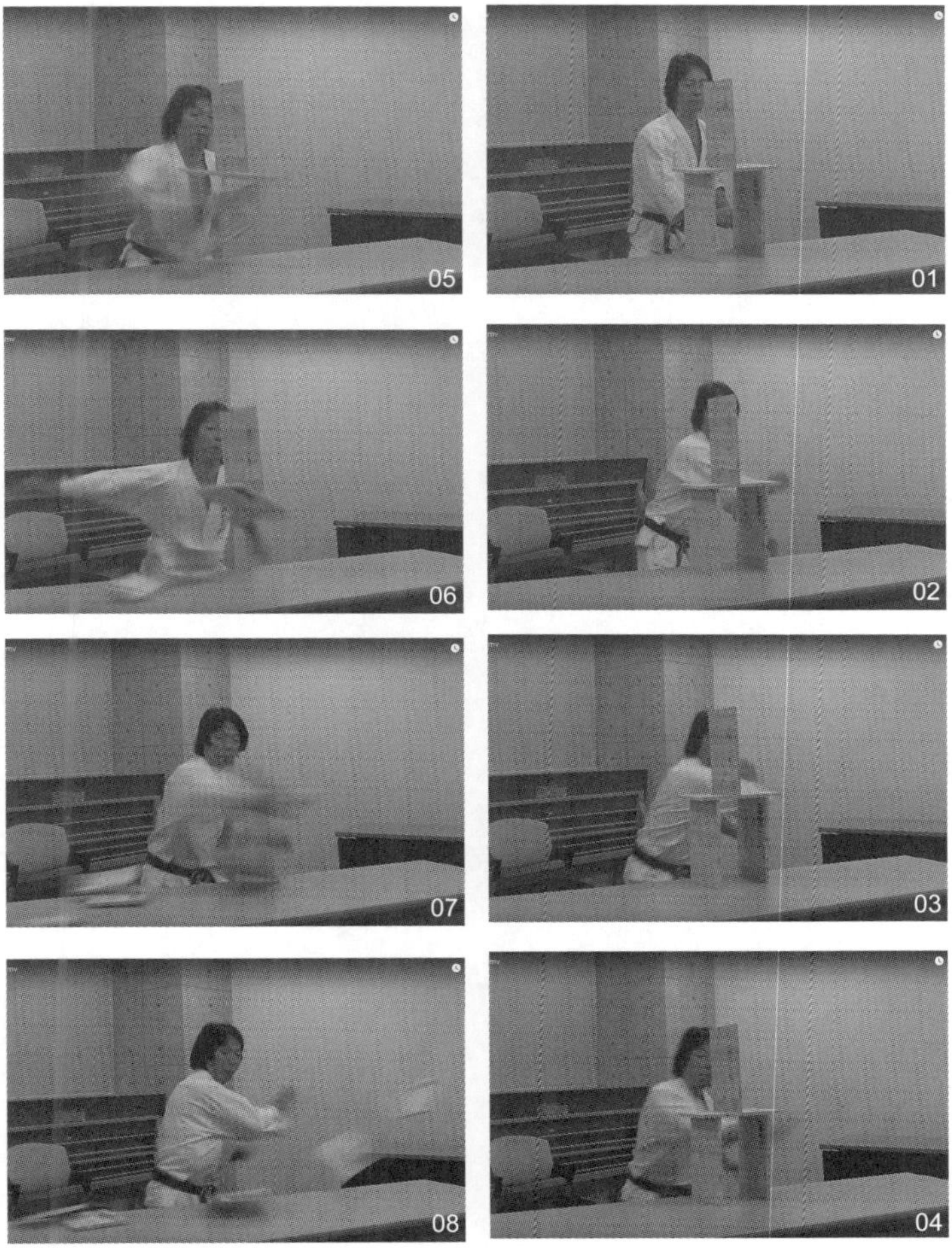

著者による試し割り。下段の二枚の板を手刀で割り、燕返しで上段の板が落ちる前に空中でたたき割っている。「Lightning Flash Hands（瞬撃手）」と呼ばれるこの早さを可能にしているのは、型で養った爆発力だ。

「試し割り」動画（youtube）
https://youtu.be/orCgxJBJUtw

それは動作を行う度に、

〝絹を切り裂く如くの鋭さ〟と、

〝何物も吹っ飛ばす勢い〟

を体で感じ始めていたのです。

これまでには感じたことのない体内のエネルギーの爆発で、

〝これは一体なんなのだろう？〟

という驚きと、

〝これがあったら怖いもの無しだ〟

という、これまでにない深い自信と感覚が何処からともなく湧き起こってきたのです。

それは時には体内に宿る空気を張った弾力のあるボールであり、腕脚に螺旋状に巻きつくゴムロープのバネであり、胴体内を回るコマであるといった動作とともに変化する体の感覚的変化となって次々に現れてきたのです。

その時、初めて「足指で床を掴む」「下腹に力をとる」などこれまでの修行のなかで聞き慣れた言葉が意識せずに自然に体感として湧き上がりました。

それ以来、基本の突きや蹴りを放つ度に〝ビュン！〟という音をたて、何か自分以外のモノが乗り移ったかのような体の充実を感じられるようになりました。

これが型の稽古の結果起こった効果であることは、疑う余地はありません。

そして、こうした変化はそのまま組手を行う上でも発揮されました。そのため、渡米後は自分より大きな相手が打ち込んで来ても、相手を怪我させないように軽く打つのに苦労する程でした。そうした経験もあり、私はこの型の研究を、自分の空手追求の中心に置いてきたわけです。

人の体は大きな力を出そうとすれば当然姿勢が歪んだりブレが生じます。この狂いを如何に抑えるかが力を統一させるためには必要不可欠ですが、その狂いをすべてなくそうとするあまり、最初から大きな力を出さず、カタチをもって外形を固めてしまっては、型稽古の本質から離れてしまいます。ここにいわゆる〝脱力〟にまつわる誤解も生じることになります。

また、首里手における突きの威力の源泉に、この〝腕のブレと、その集中〟があります。体幹で起きた波動を、どれだけ武器として活用し的《まと》に伝えるかが突きの大きなテーマであるためです。

力一杯、全力で動きつつ、可能な限り型の枠組みを守る。

極めて難しい矛盾した要求が空手の本質であり、決して知識だけでは習得することはできないものだと考えます。

こうした感触を習得するためには、理論よりも実際の動きのなかで体得してゆくしかなく、そのための第一歩は最初から難しい理論や知識に囚われず、〝とにかく思いっきり動く〟ことが重要なのです。

また空手は、そうした体験に基づく動きの歴史のなかから養われ、自然と術理が生まれ、身体に宿るものだといえ、そこから開放感や充実感が得られるものだと考えます。
そしてその訓練の最良の道具として用いられるのが空手の型であるわけです。

動きが体感を育て、体感が理論を生む

以上のことから私は型は「伝わる姿勢を用いてまず動く」ことから始めることだと考えています。

現在の様に武道の動作のなかに存在する、高度な身体操作や理論に注目が集まる時代に、「まず動く」と言うと、どこか粗野な印象を受けるかも知れません。しかし、「考えずにまず動く」ことは、空手の型が部分ではなく、それ自体の丸ごとすべてをもって効果的に稽古者それぞれの本質を引き出した空手を創りあげるための習得法であるのです。

もし型に秘密があるとすれば、それこそが真の秘密であると私は思います。

逆に言えば、本書の第6章でも登場した〝正中線〟〝正中軸〟や〝膝の抜き〟などといった概念や理屈は、初心者が空手を始めるうえではそれほど重要なことではありません。

型には何も知らない初心者が、稽古を積むことによって、そうした総合的な体の理を自然に習

得できる要素がすべて入っているからです。前提として空手の型とはそういうものであることを、学ぶ側も教える側も肝に銘じ、信じて行うものでなければなりません。むしろ知識を先に求めすぎるのは邪魔になると言えるでしょう。できるようになって初めて「ああ、これが正中線か」「これが丹田か」と気づくもので、先にあるものではないのです。もちろん参考程度に知識として持っておくこと自体は悪くはありませんが、知識や頭で分かることと、本当にできたときに得るものとはまったく違います。本当にできるということはそういうことなのです。

また稽古を行ううちに体の特定の部位に強い感覚を得ることもあるでしょう。私の感じた身体法である〝肝〟と〝腎〟の概念もそうした型の稽古から生まれたものです。私は動く際にこの二箇所に力の充実を感じており、そうした実感と鍼灸師としての理論とを組み合わせ、ある程度の理論化はできています。

ただ、こうしたことは理屈として仲里先生に教えて頂いたものではなく、それどころか自分で考えに考えた挙句の発想ですらなく、自然に身の内に感じたのが先であり、後から人に解説するために理論的にまとめたものです。

空手に限らず武術は「できて初めて分かること」で構成されており、見える風景や感じ方は、その時々のレベルに応じて異なるものです。

こう書いてしまうと、やや身も蓋もないところですが、前提としてまずこのことを知った上で知識をあくまでも〝ヒント〟として参考にするのと、知識を〝こうあるべきだ〟と捉えるのとでは雲泥の差があることは知っておいて損はないと考えます。むしろ自覚的である前に、こうした知識を求めることは、かえって本質から離れる危険もあります。

ここまでくり返し述べているように、空手の型は夢中で行ううちに自然に空手に必要な動作や身体の活用法を生み出してゆく優れた稽古法であり、だからこそ素晴らしいのです。

本書では説明のため、様々な軸が体にあるものとして動きを説明していますが、前提としてこうした考えを持った上で読んで頂き、それぞれに追求してもらえればと思っています。

正しく型に取り組めば、必ずいつの日か「そういうことだったのか」と気がつくときがくるはずです。

第8章　ナイハンチの魅力

沖縄空手の重要型

沖縄空手は大きく分けて首里手・那覇手・泊手の三つの異なった流儀からなると伝えられるのは多くの人の知るところです。

そうした三つの流儀は、その発生の背景とともに稽古法と動作の特色に違いが見られると言われています。

その違いが最も明瞭なのは中国南派拳法の趣を色濃く残す、重厚で力強い那覇手（剛柔流・上地流）と、同じく中国拳法の影響を受けながらもスピーディーでダイナミックな動作に特色をもつ首里手（泊手を含む）でしょう。

それぞれにその流儀の特色を示す鍛錬型が伝えられており、それが那覇手では三戦であり、首里手ではナイハンチとなっています。

特にナイハンチの型には、かつての沖縄でも実戦派空手家として知られる本部朝基が「ナイハンチしか知らなかった」という伝説が残されているほど重要な型として言い伝えられ、その型のなかには、

「首里手における身体操作から技法に至るすべての秘密が秘められている」

と言われることも少なくありません。

そこで本章では、首里手の重要型と伝えられるこのナイハンチの解説をしていきます。

ナイハンチの目的

ナイハンチの型は他に「鉄騎」など他の名称をもって本土の空手においても伝授がされています。その多くが基本型・ピンアン等の型を学んだ後に指導されているのが大凡の本土の空手における習得順序とされているようです。

しかし、私の行う沖縄小林流では初心者が基本のその場突きを習うと同時に指導されるのがこのナイハンチの型なのです。

その理由は前にも述べた、「武道身体の基盤作り」にあります。

武道の予備知識をまったくもたない初心者が型の動作を行うことにより、型でとられる姿勢のなかから自然に正中線や正中軸を造り上げ、そこから更に力とスピードを生み出す特殊な軸の応用や認識を体感しながら会得させるためです。

こうした自己の身体の探求と、練りを実に有効に進めてくれるのがこのナイハンチであると言えるでしょう。

このナイハンチが打ち出す武術的効果を簡単に記述すると、

基本的身体線・正中軸の会得
身体各所を活用して生み出すパワーの習得
動作から生み出すスピードの習得

といった自己の身体感覚を土台にした三つの目的があげられます。

ここで重要なポイントは、右記の三つの要素が、いわゆる武術の実戦の技法に直結した技の活用法（＝分解）をあまり重視していないところにあります。

そしてそこにこそ、沖縄の空手が他の武術や格闘技とは異なった概念の基に組み立てられたユニークな点があります。

例えば柔道を習えば、まず最初に習うものが受身であり、それから基本の技を習う、といった様に、最初から試合に使える受けや攻撃に通じた〝動作〟を学ぶでしょう。

ボクシングも同じです。多くの場合は試合に直結するジャブを学びストレートへと進みます。

では何故ナイハンチは自己の動きと感覚の創りから始めるのでしょうか？　それはズバリ、

〝空手独特の威力とスピードを先に学ぶ〟

という独特な思想があるからです。

ナイハンチ以降に学ぶ空手の型・技のすべては、この空手独自の持つ威力とスピードによって成立しているものなのです。

さらに言えば、例え細かい攻防技術が未熟でも、一瞬の戦いでは即打・即倒の一撃があれば戦いに勝つ要素は高くなります。攻防の応酬を想定した試合以外の場面においては、威力とスピードが武術として非常に重要なものとなることは容易に理解ができるものでしょう（もちろん、それを使う決断力・ゾーンもまた重要なわけですが）。

ナイハンチの型にはそうした一瞬の〝瞬間風速〟に似た動きを生み出す訓練が含まれているのです。

それを短く簡単な動作に収めたナイハンチは、空手を会得するのに非常に有効であり、かつ、体力が衰え始めた高齢者においても効果を得る実用性を含んだ訓練法と言えます。

型を行う上での注意点は、〝とにかく力を入れて行う〟というところにあり、それは以前、私が台湾の拳法修行の際に八歩蟷螂拳を学ぶ傍らに習った南派の洪家拳の型の打ち方に類似しているところがあります。

洪家拳の套路の一部。

本部朝基翁のナイハンチ。『本部朝基と琉球カラテ』（岩井虎伯著　愛隆堂）より。

本部朝基翁のナイハンチの姿勢が、洪家拳のそれと似ている点も、興味のひとつと考えます。そうした見地からすると沖縄の空手が中国の南派拳法の影響を強く受けていることは想像に易いものです。

私の指導するナイハンチの型は知花朝信先生の小林流から仲里周五郎先生を経て習ったものであり、そのもとは糸州安恒翁のスタイルのものとも言われています。

その際に「糸州系のものは近代化された〝型〟とし変革されたもので、古典とは異なったものである」といった意見を近年耳にすることもあります。それらの説の真否は別として、私自身が感じる範疇で述べるならば、確かに前に触れた中国の洪家拳や他の南派の拳法の如く力強く動作を行う一方で、立ち方や身体操作の妙技には中国の北派拳法に伝わる身体の柔軟な動きで骨盤線は水平のまま、正中軸の力で動く。

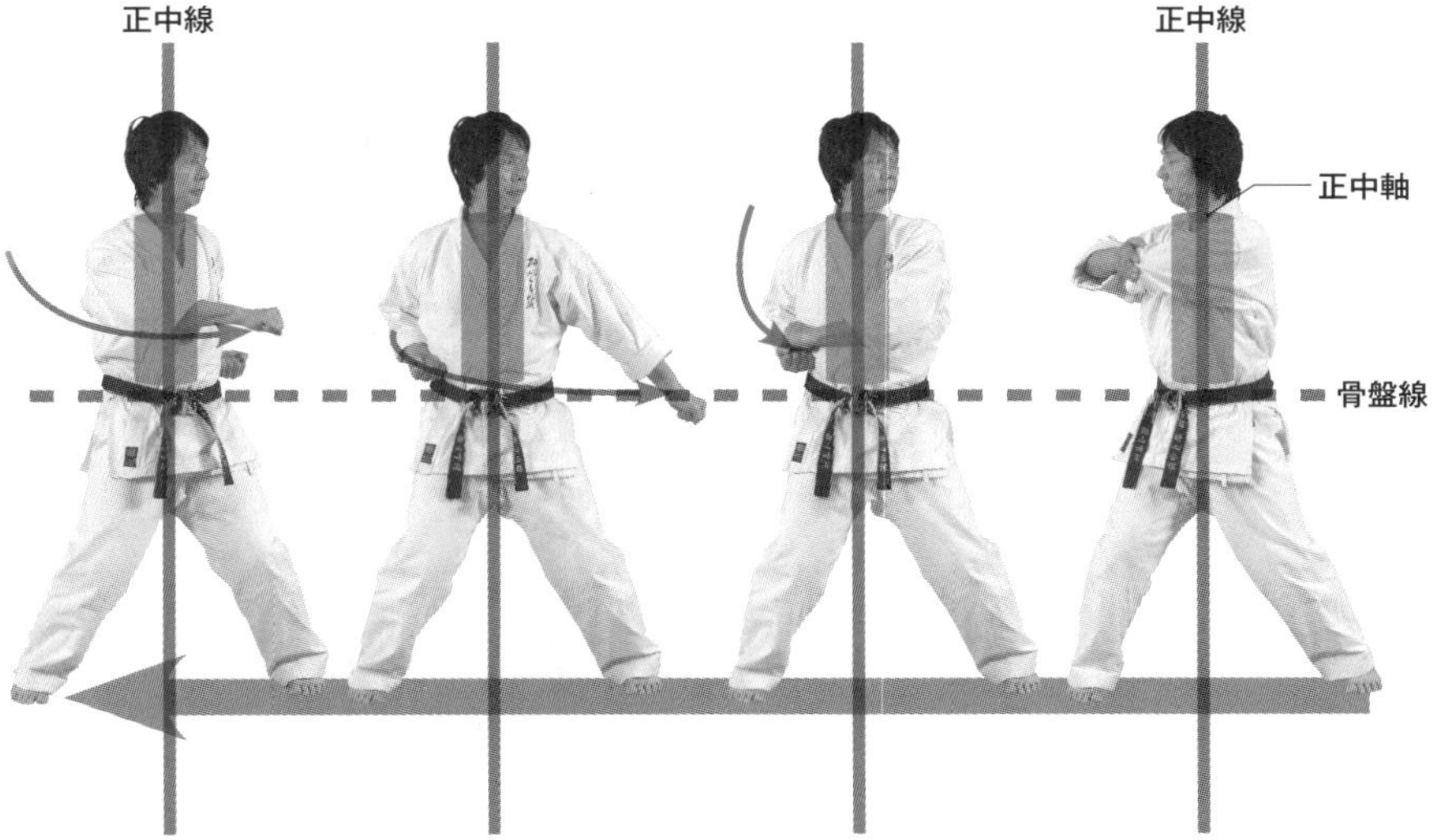

発力を行う微妙な用法が加味されているように感じています。

ナイハンチに現れる倒木法

ここでナイハンチの全体像を見ながら、そこに秘められた身体操作について解説してゆきましょう。

まずは6章において記述した〝ナイハンチ立ちによる正中軸〟を基本とします。それは太い体軸を用いて、鈎突き（＝私は振り子突きと呼びます）等の動作を活用し、より大きな力の体感を会得してゆくものです。

さらにここでは基本のみではなく、身体の左肩と右足、右肩と左足を斜めに結ぶ身体線を用いた動き方、倒木法の身体操作が含まれます。

ナイハンチ初段に現れる倒木法。倒れる（崩れる）力で動き打つ。

ここで言う斜めの軸とは左右に微妙な身体の崩しを創ることで力の流れを生み出し、その崩れに急激なストップを掛けることで、自重と重力を利用した身体操作を言います。

肝と腎、体幹部の活用法

これは丁度下腹部の前後の圧縮によって力を生み出す身体活用法です。私自身は沖縄での修行時代に、現在よく聞く「ガマク」「チンクチ」といった用語を用いて指導をされたことがありませんでした。そのために米国での指導活動のなかで得た自分の感覚を表現したのがこの〝肝と腎〟による発力法です。これらを太い正中軸と斜め軸の活用の中に織り込んでゆくのです。

弾力のある正拳突きの創り

小林流のナイハンチの型は初段・二段・三段の三段階の型から構成されています。初段・二段には鈎突き以外の突き技は見られず、裏打ちが活用されています。技術的な点から見ると多少不自然な思いがしなくもありません。何故なら空手の根源的な威力を養成するはずのナイハンチのなかで、裏打ちは力の流れを実感し難い動作に思えるからです。

そうした私の疑問を解いたものが、かつて取材を受けた某雑誌におけるハイスピードカメラの映像でした。

その取材では〝吊した薄紙を突きで切り裂く〟という実技取材で、実際に試みると薄紙は簡単に切り裂くことができました。その際にハイスピードカメラで撮られた自分の動き見て、大きな発見がありました。その映像は、私自身の考えていた直突きの動きとは異なり、ナイハンチの裏打ちの動作の延長の様に突きが繰り出されていたのです。

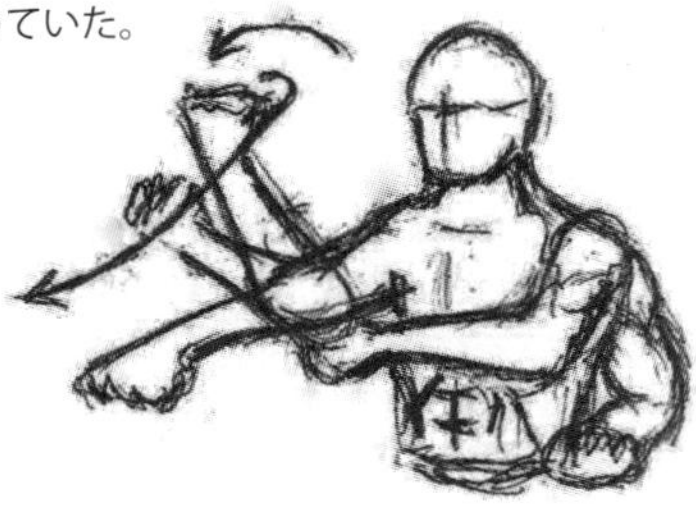

ナイハンチに現れる裏拳は、そのまま真っ直ぐへの突きに繋がっていた。

実演した私自身も、こうした動きを見るのが初めてでしたし、その様な打ち方の稽古をしたこともありません。しかし、それを可能にしたものがナイハンチの裏打ちであることが直ぐに理解できたのです。その際に更に発見したのが、本書の冒頭に書いた、〝普段の練習でできないことはできないスポーツ〟と、〝普段やっていないことが咄嗟にできるのが武道〟という概念でした。つまり裏打ちは単なる裏拳を用いた打ちだけではなく、そこから腕の伸びによる正拳突きを習得することもできる運動だということです。それは一見して判らないし、稽古をしている本人も判らない世界のものです。

もし空手に秘伝というものが存在するなら、こうした型で用いられている明確な動作がそれだけに留まらず、外見には現れない他の動作を生み出していく創造的訓練法であるのです。

三段にみられる身体構造のメカニズム

こうしたナイハンチの型は三段で初めて正面に真っ直ぐに突き込む直突きが登場します。

それはここまで紹介したきた、〝ナイハンチ＝体軸の拡張から回転運動に適している〟といった概念からすると異なった動作に思えてしまうものです。もちろん「空手だから突きを入れよう」といった安易な理由で直突きを入れたわけではないのでしょう。

実際に三段をやってみると、この直突きは非常に強い力を生み出します。

そのポイントは〝引き手の活用法〟にあると言えるでしょう。

通常空手の突きを行う際には引き手は腰に引かれるものです。ところがこのナイハンチ三段では、ここでは引き手が突き腕の関節部におかれているのです。

ここに空手の持つ深い身体メカニズムが垣間見えます。

この添え手によって胸の開きが制御され、一見猫背のような形に見えますが、その実は肩甲骨は開き、太い体軸が上部で締まり、体幹部から胸部にかけて三角形のカタチに集中させられ、太い軸の回転力を一気に一点に集中させる役割を果たしているのです。

ナイハンチの初段にはない体の上部の軸を絞って繰り出す独特の直突きの動作が三段の中に織り込まれているわけです。

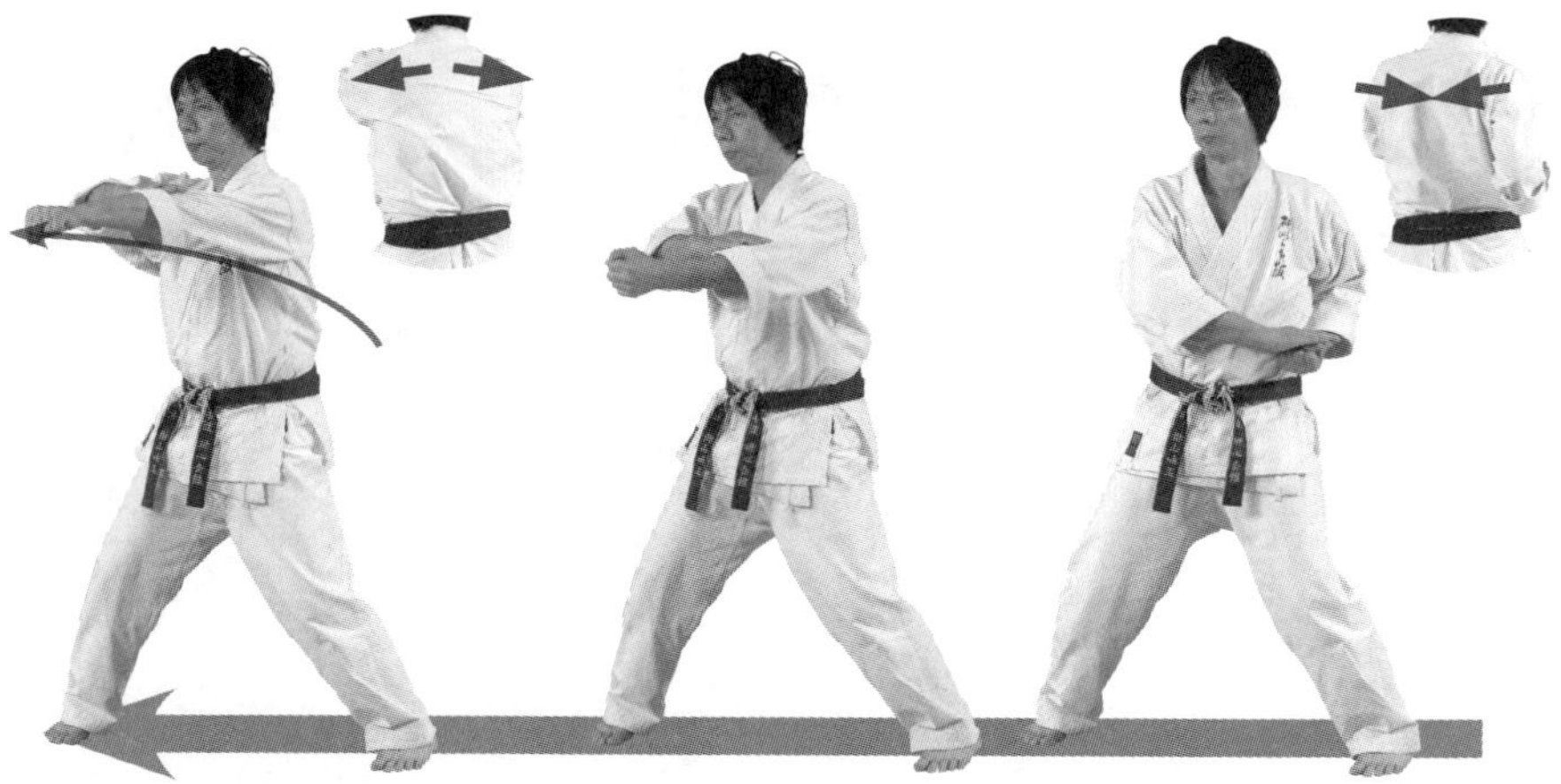

ナイハンチ三段に現れる正面直突き。カタチが体のメカニズムを導く。

また、この三段の直突きを踏まえて二段の動作を考えると、ナイハンチのどの型よりも引き手を一方の肘位置に収める〝添え手〟が多く用いられていることに気が付くでしょう。その目的が初段の源泉的身体の訓練から、二段における身体上部の体軸の絞り、そして太い軸から細い軸に繋げた三段の強大な直突きへと向上させてゆく段階も含まれていると言えるわけです。

ナイハンチの型の特徴

以上の事柄を基にナイハンチの型には、

左から初段、二段、三段の象徴的な動作。それぞれに応じて正中軸が変化しトルクやスピードなどが変わる。

・閉足立ちに始まり、斜め軸で身体を倒して移動、発力する倒木法
・太い正中軸の活用法
・短い訓練型により、短時間に全力をもって集中して行える
・加齢による衰えに関係なく訓練し易い

などの多くの要素が含まれており、まさに首里手の根幹をなす型であると言えます。

また、首里手の独自性はその動作から生み出される強力な威力とスピードにありますが、その土台を創り上げるものがこのナイハンチであることを私は疑いません。

これ以降の応用で活用される様々な技法は、このナイハンチで会得された身体運動とエネルギーを感じ取る体感の基に成り立つものであるのです。

第9章

ピンアンの深み

ピンアンの謎

前章では首里手における最も基本かつ重要型として継続されてきたナイハンチについての解説を行いましたが、もうひとつ首里の空手を行う際に非常に多く用いられる型にピンアンの型があります。

本章ではそのピンアンの型についての考察を試みてみましょう。

ピンアンの型は現在でこそ様々な会派で採用されている非常にポピュラーな訓練型ですが、元来沖縄の古典的な空手の稽古には存在していなかったものです。発祥は比較的近年の空手家に属する糸州安恒の手によって明治時代、沖縄の学校教育の一環として体育を目的に創作された型であることが知られています。

その構成は初段・二段・三段・四段・五段といった五つの型から成り、先のナイハンチに比べると、前後左右に転身を含めた移動（演武線）を大きく行いながらも、対象物（敵）の位置を明確に定めて前進しながら技を繰り出す非常に解りやすい動作の組み立てによって行われる型と言えるでしょう。

挙動の流れも構成もシンプルで長過ぎず短過ぎず、初心者から熟練者まで老若男女、万人が各々の目的に合わせて実践できる訓練型として非常に適した内容に纏め上げられている型であり、且つそれらが五つの段階を追って学ばれていくというカリキュラムは、空手に含まれる技法の理解を助けてくれる画期的な型と言えるでしょう。

また、その演武者の熟練度を容易に把握できる風体を持つことから、昇級審査等においても非常に便利なことも特徴です。

しかし、現在でこそ一般的になったピンアンの型も、その創成期には他の空手家達からの強い批判を受けたといった話も伝えられ、また創始者である糸州自身も、ピンアンの創作後も自分の指導はナイハンチを中心に行い、一部の稽古場においてのみピンアンは稽古されていたという説も存在します。

ところがそうした時代から約１００年を経た現在において、首里手系空手の土台を築く鍛錬型と言えば、ナイハンチとピンアンは不可欠なものとして確固たる位置付けとなっています。

実際、この相性の良い二つの型の習得が、首里手を習得する上で大きなポイントを占めていることは、私も認めるところです。

なぜなら私自身も、かつての小林流の型稽古では仲里周五郎先生からナイハンチとピンアンを徹底的にやらされ、それは私自身の中でハッキリ感じ取れる程明確な向上をもたらしてくれたからです。

その効果を実感した当事者の一人として、それは今まで学んだ何よりも大きな向上の実感、異次元の感覚を与えてくれたものでした。それ以来、私はそのときに得た力・動作・スピード・動きの充実感を頼りに稽古を続けていますが、その中心となるのが今日においてもナイハンチとピンアンなのです。

約百年前に空手史に登場した異色の創作型ピンアンは、従来の創始者や発祥年史が一切不明な中で伝えられてきた古典空手の伝授体系のなかでは極めて希有なものであり、また当時の沖縄空手界において必然として産み落とされた〝運命的な型〟であると私は解釈しています。

それではピンアンが生み出される前後の、沖縄空手の背景を踏まえつつ創始者・糸州安恒の空手家像を、私なりに紐解いていきたいと思います。

糸州安恒と近代沖縄空手

糸州安恒（1831年～1915年、沖縄那覇、首里山川村出身）と言えば、沖縄空手に多大な業績を打ち立てた拳聖として他に有無を言わせぬ存在として崇められ、長く〝沖縄近代空手の父〟として歴史上に名を残す存在でありました。

しかし近年、沖縄空手が改めて様々な角度からその武術的側面が研究される時代になると、その評価に一長一短を唱える研究者も現れてきました。

その最も大きな理由については「従来の空手を整理整頓し、より大きな普及に貢献した」と評価される一方で「本来の古典的沖縄空手を大きく改革し、本来の実戦的武術から体育を目的にしたものへ変革し、その結果、沖縄空手が持つ重要な実戦技のエッセンスが失伝してしまった」という点が指摘されているようです。

確かに沖縄の空手は糸州の時代から改変され、更に第二次世界大戦を経て大きく変化していったことは理解できます。ただ、そういった改革を捉えて、今日の立場から沖縄空手の継続性の是非を問うのは極めて難しく、誰もが納得する答えを出すことは不可能と言えるでしょう。何故なら空手もまた歴史、時代のなかを生きる〝生き物〟であり、〝生き物〟の本質は変化し、状況に対応することにあるからです。

ただその一方で、現在を生きる空手修行者として、かつての空手を追求し研究する努力は必要であり、それを否定するつもりはありません。

さて、以上の様な見解から言えば、私が現在修行・指導している小林流も、開祖の知花朝信先生が糸州門下であることから、その弟子であった仲里周五郎先生も糸州の空手の系統に位置し、たとえ古典空手とはいっても近代的に整頓されたものであると言えるでしょう。

では、果たしてそうした古典空手の変革は沖縄の空手界に一体どの様な流れを生んでいったのでしょうか？

よい機会ですので、ここで少し昔語りとともに、私自身が見聞した沖縄空手の話と経験を書いてみたいと思います。

私が本土空手から中国武術を経て、小林流に自らの武道の完成を求めた当時（１９７０年後期）から、中国武術の研究家からも糸州の功罪に関する見解を聞いていました。そういった意味では空手のスポーツ化や実戦性についての議論に傾倒していた当時の日本の空手人に比べて、伝統の継続や型＝套路を重んじる中国武術研究者の意見は、私の求める空手探求においても非常に新鮮な見地で、頼りになる情報でした。

しかし、それでも私はあえて自分の足で沖縄空手の道場を探し、見聞した上でやはり小林流を選んだのです。その理由は小林流がそれまで私の知っていた空手とはまったく違った空手であったからであり、そこにかつて学んだ衛笑堂老師の武術とも共通する〝見えないコンテンツ〟を感じたからに他なりません。

今にして思えば、私はそれまでに学んだ空手や中国武術を通じて漠然とながらも型の重要性とともに、必要以上に型を信仰することの弊害を感じていました。そうしたことが、自分なりに己を向上させる理想的な方法論を自分なりに作り上げていくという、稽古の枠組みが出来上がっていったのだと思います。

結局、どんな説があろうとも、結局それを学ぶのは自分自身であり、研究者としてではなく、実践者として、空手の習得を求めての修行であり、そのなかで自分の直感と感覚を重視して何を学ぶか、何を行うかを決断してきました。

因みに、その探索時代に撮影されたナイハンチ、ピンアン、パッサイ大（糸州のパッサイとは異なる）を見る機会があったのですが、改めてその一つひとつの挙動に、本土とは違う沖縄の風を感じました。どこかに中国武術の趣を宿した、独特でありながらも、親しみと深い興味と魅力を放つもの、それが私の出会った沖縄空手でした。

苦労して入門した小林流で、シッカリとした土台作りに用いられた訓練法はやはりナイハンチとピンアンの型を用いた激しい反復練習でした。

こうした稽古法もまた、本来の古典的方法とは異なり、糸州全盛期以前の松村宗棍の時代には、違った訓練方法にて指導が行われていたと考えられます。

糸州安恒の武人像

沖縄で古典的空手と呼ばれる首里手の主格の系譜を見てみると、

佐久川寛賀（1786〜1867※諸説あり）
←松村宗棍（1809〜1899※諸説あり）
←糸州安恒（1831〜1915）

という流れが一般的なところでしょう。

この系譜のなかで、沖縄空手が多くの人材を輩出した時代は、やはり松村宗棍から糸州の時代にかけてでしょう。この松村から糸州への時代の転換には糸州安恒はもとより、安里安恒、本部朝基、屋部憲通、喜屋武朝徳親子、他、以降の沖縄空手界を牽引する重鎮達が名を連ねています。

そうした松村の高弟達は松村没後に各々の空手の道を歩むことになるのですが、興味深いことに本部朝基、屋部憲通の両者においても、一時期糸州の門下生としてもその名を連ねていたという記録も残されています。

両氏の年齢を考慮すれば、屋部は１８６６年生まれで、本部は１８７０生まれですので、糸州とは30歳以上の年齢の差があり、師である松村翁の没後に大先輩にあたる糸州の元に身を置くのは不思議なことではありません。ここで更に興味深いのは、この両者が糸州翁の空手に、あまり強い賛同を示さなかったという説があることです。

そしてその糸州に対する評価の一片は、実は松村翁も弟子の糸州について「動きが鈍重」だという理由から、あまり高い評価をしていなかったという次のような記述が残っているのです。

「元来糸洲先生は、最初松村先生に教へを受けて居られたが、如何にも糸洲先生は鈍重で、先生の気に入らなかつた。そこで熱心に稽古をするけれども、肝心の師の方でおろそかであつたので、遂に退いて那覇の長濱先生の許に通ふことになつた。長浜と糸洲は、一つちがいであつたが、師弟の関係を結んだのである。長濱先生は其の当時相当に名の売れた方であつた。非常に熱心家で常に庭先で朝早くから、稽古を初め、夕日が大分西にかたむいて、稽古する影が妻君の機織にかゝる時を以て止められたそうである。処が先生は松村先生とは反対に専ら力を出し、身体を堅める方に専念して、稽古をして居られたさうで、その先生が自分の死に臨み、高弟の糸洲先生を枕頭に呼び、「私は是迄で、力一ぱいに稽古をさせたが、実際の場合と言ふことを一寸も考へず、自由と敏活を（か）いで《ママ》いる。今日になつて深くさとる処があるから、今後は是非松村について研究して呉れ」と遺言されたそうである。誠に心すべきことである。」

本部朝基著『私の唐手術』（昭和7年出版）「稽古の心得（松村・長濱・糸洲翁の話）」より

ちなみに、ここで登場する長浜先生については、屋部も以下のように書き残しています。

「翁は初め松村翁に学んだのだが後年多くの感化を受けたのは那覇の長浜と云ふ人であった。翁の流儀は即ち那覇六分首里四分と云ふ方である」

屋部憲通「鋼鉄の如き拳　老練熟達の名人」（『琉球新報』大正4年3月14日付記事）より

こうした言い伝えと、糸州本人の残したといわれる言葉を基に糸州安恒という空手家像を検証

してみると、

・糸州の体格がズングリとした重厚なものであったこと。
・安里安恒の「手足を剣と思え」に対して糸州安恒の「打たれても蹴られても痛くなければ良いだろう」という概念の違い。
・以降に糸州は那覇手の要素を取り入れ、従来の松村の柔軟で素早い手に力強い動作の改変をもたらしている。
・また従来の松村の武術指導は現在の沖縄空手の〝型を中心とした〟稽古とは異なり、俊敏な動作をもちいた実用法の訓練に大半の時間を費やしていた説。

などのことから、やはり糸州の空手は松村門下とは馴染めなかった側面があったように私には思われます（型を中心に稽古を行う沖縄空手の近代体系は糸州の時代から、とも言われています）。

そしてそうした違いが、糸州のピンアン型の創作に何らかの影響をもたらしたとは考えられないでしょうか？

これは修行をしていれば別段不思議なことではありません。例えば一生涯を通じて芸事を学ぶ際には同一人物であっても、

初心期→成長期→全盛期→過渡期→指導初期→指導熟年期→総括期

と成長をしていくなかで段階ごとにそれに伴った変化があるものです。そして、そうした変化の時々の経験や理想等を基に最も優れたものを作り出そうとするのが修行であり、また指導です。

そうしたことから技の術理はもちろん、理念についてもどの時代を指しているかによって、その見え方は異なるでしょうし、それが以降の大きな進歩のきっかけを作ることもあります。

そしてこの場合、少なくとも当初の糸州はそうした従来の松村翁の空手には適し切れずに以後、那覇手系の長浜翁という空手家に修行内容の転換を求め師事しています。そこで新たに那覇手の要素を取り入れ、新たなる空手を模索するも、前述の長浜の逝去間際の言葉を受け、再び松村翁の空手の研究にあたり、その研究の過程に生まれた副産物がピンアン型の創作にあったのではないかと推理ができるのです。

ここでは多少強引にこの仮定をもとに、ピンアン誕生に結びつけて推理を進めたいと思います。ただその前に、糸州の指導活動の初期に存在し、時に「ピンアンの原型」とも言われる、ピンアンに類似した創作型〝チャンナン〟について触れておきましょう。

チャンナンについては、かつての本部朝基も糸州から手解きを受けていた様子が幾つかの文献に残されていますが、そのなかで本部は「晩年に見たものは初期のものとはかなり違っていた」という意味のことを書き残しています。

空手の稽古を生涯単位で見れば、その時期ごとに、改善のひらめき、必要性などの理由によって内容が変化してゆくことはあるでしょう。ましてそれが自分の創作した型であるならば尚更、その自由が許され、修正を加えることが容易になるのです。

チャンナンが実際どの様なものであったのか、今となっては断定することは不可能なのですが、幾つかの説によると「現在本部流に伝えられている〝白熊※〟という型がチャンナンではないか」とも言われています。

果たして私が見た本部流の型は、前進・転身を中心とした柔らかく素早い踏み込みに主眼をおいたもので、その真否は別として白熊の型全体を通じてピンアン二段に似た内容であったと言えなくもありません。

ここで大事なことは、動きの根本を成す身体操作が首里手系の起動を用いたものであるということにあるでしょう。

那覇手の空手における力の運用は、呼吸法とともに自らの身体内で生み出し球を転がすように充実させてゆく、中国武術の内家拳にも類似した部分も多く見られるものです。そのため動作もしっかりとした土台（立ち方）を先ず築いて、その安定した基礎をもとに技を成してゆく特色があります。

※同名の型は本部御殿手手道館（池田守利代表）において本部朝基伝の入門型として高野玄十郎氏に伝えられたものが学ばれている。（編集部）

一方、首里手のそれは外家拳的とも言えるもので、力は鋭く、動いた勢いに乗せた貫通力を多く用い、土台（立ち方）も技の極めとほぼ同時に行います。両者の大きな違いは、立ち方を土台として活用する那覇手と、加速を活用する首里手の違いと言えるかも知れません。

そうした見解から言えばチャンナンの型の生命とも言える演武線上の動きは紛れもなく首里手のものに近いと考えられます。

こうしたことからも松村の元で空手を学び、一度は那覇手の長浜の指導に方向を変更し、更に松村の空手に戻った糸州の修行過程のなかで生み出されたものが、チャンナン、ピンアンであったのではないか？　と思われるのです。（逆に那覇手においても宮城長順によって昭和15年に導入される撃砕の型などは首里手の要素を含んでいる。）

また当初はピンアンの型に否定的発言をしていた屋部憲通が、一方で「ピンアン型の創作にたずさわった」との矛盾した証言が残っているのも興味深いところです。あるいは当初は否定的であった、屋部がどこかの時点でピンアンの改変を行った可能性もないとは言えません。

仮にもしそうであるならば、ピンアンが成長する過程で、ある時期に屋部によって松村のエッセンスが加味された画期的なものであるとも考えられるでしょう。いずれにしろピンアンは発祥時から幾多の改変がなされたことは事実と言えるでしょう。

私は同じく空手修行をまっとうするなかにおいて様々な壁やジレンマに出くわすことがあります。それは例え歴史的な大家であっても違いはないものと考えます。いえ、真剣に打ち込めば打ち込むほどそうした壁にぶつかるものが修行なのだと解釈しています。

この糸州安恒という歴史上の大家を考察した場合も、先にも触れた身体上のもたらす一長一短、自らの長所を活かしつつも短所の限界を補おうとする工夫をもって以降の空手人生を歩み、型の研究に没頭することは必然であると言えるでしょう。

その結果、糸州にまつわる様々な説の印象とは一線を画した敏捷な動作の連結、かつ力強く重厚な一挙動をもったピンアンの型が基盤化したとは考えられないでしょうか？　そしてそれが以降、糸州の門人達の切磋琢磨をもって現在のものに完成し、同時に型を中心に習得する沖縄空手の土台を成した様に思うのです。

ここまで手に入れた資料や、私自身が聞いた情報をもとにチャンナンについての論考を書いてきたのですが、個人的にはチャンナン型については、その存在を含めて疑問を感じています。理由は知花先生が創作した基本型１、２、３が単なる追突きであることと同様に、チャンナンと言われる型が本当に基本的な追突きの組み合わせであることからも、果たして型として成立するほどの意図を持っていたのかが不明であるからです。

もちろん〝なにを以て型とするか〟はそれぞれに違うものですので一概には言えないのですが、基本の基本を学ぶために作られた練習型以上のものを感じないのも事実です。

ピンアンの特徴

以上が、ピンアンの型の発祥の見解を、幾つかの文献の内容をなぞりつつ、私の解釈を以て紹介してみました。

ここからは改めてその型の実技の部分の解説をしてゆくことにしましょう。

ピンアンの創作上で母体となった型が、首里手の古典的型のひとつであるクーサンクーであることは広く一般に知られているところでしょう。

その定説はピンアンの初段の構成を見てみると、その演武線や立ち方や動作の繋ぎなどに、クーサンクーと多くの共通点を見出すことが可能です。

更に三段の転身や四段のコンビネーションといった部分にもそのエッセンスが織り込まれているだけではなく、かつてピンアン否定派であった屋部憲通がその引き合いとして「ピンアンをやるならクーサンクーをやった方が良い」という証言からも、その二つの型が同一系統であることが理解できます。

ここで少し私がピンアンに感じている私的見解を補足してみましょう。

一般的にピンアンの型と言えば、「クーサンクーを土台に構成された初心者から中級者向けの型」として伝えられてきています。しかし、私が自己の訓練の中から体感するものには、ピンアンは単にクーサンクーを簡化したものではなく、ピンアンとナイハンチとの無視できない深い関係、〝趣がある〟ということです。

この繋がりが以降の上級へ進むべき身体操作や体感を掴むべく重要な役割を果たしているのです。

ここで言う〝趣〟とは、立ち方と体幹の関係にも繋がるものです。

ナイハンチの縦の変化＝猫足立ち、四股立ちの縦の変化＝前屈立ち、といった全身の動作の組み合わせの要素が、このピンアンのなかにもふんだんに含まれ、ナイハンチで用いられるスピードと威力を容易に縦の動きに移行・応用するための関連動作が含まれている様に感じられるのです。（筆者注　小林流ピンアンでは本土の空手ほど多くの前屈立ちは使わない。）

前にも触れた様に私が沖縄で修行する際に非常に重要なポイントとされていたのがこのナイハンチとピンアンの訓練であり、非常に厳しく激しい訓練を受けたものです。

ピンアンの型は長さこそ短いものの、大きくダイナミックな手業に加え移動がこまめで不安定になり易い猫足立ちも多く含まれています。この上半身と下半身の連結動作に前左右・転身の移動を力強く素早く行うことはそうそう容易なものではありません。力を入れれば遅くなり、速く動けばバランスが崩れる。それらを当たり前の様にできるようになるまで繰り返すのです。いか

ナイハンチの諸手突きとピンアン初段初動作
ナイハンチの添え手受けとピンアン諸手受け。これらの動作はクーサンクーには見られない。

なる優れた技も本体となる自己の身体が充実していなければ何もなりません。

そしてそれらを繰り返し行うなかで気が付くと、以降のチントウやクーサンクーなど他の型の習得が、非常に楽に行えるという実感がありました。

そうしたこともあり、私自身の記憶の中では〝ナイハンチとピンアンの訓練こそ首里手を学ぶ土台作り〟であり、それこそが首里手の根本を成す双璧と感じているのです。

ピンアン初段から五段の技術考察

さて、先にも述べた様にピンアンの型には初段・二段・三段・四段・五段といった五段階に分別したカテゴリーが設置されています。

これらをただ漠然と反復練習しているだけではピンアンという型に属する異なった断片型、つまり「型のための型」に終始してしまい理解を深めることはできないでしょう。

しかし、先ほど書いたように首里手の空手では、ナイハンチはピンアンと兼修することで、空手のレベルを向上させ、より実践的なレベルに引き上げることが可能となるのです。

そこで、ここでは解り易くピンアン初段から五段までに含まれる、重要な箇所を抜粋し、各々の型に組み込まれている技術の特色を、学ぶべき重要な習得内容として紹介します。若干、これまでに書いてきたことと重複するところもありますが、復習という意味で捉えて頂ければと思います。

初段　夫婦手の活用法。左右の手を攻防に活用すべく用いる
二段　上段突きへの応用。空手では稀な上段攻撃を下段との連結動作で習得する
三段　体の転身。これまでの型にない転身の運足と技法習得
四段　初段の応用。初段にて学んだ動作の応用
五段　初段から四段のまとめ。これまで学んだピンアンの集大成を行う型

以上の様に簡要解説を行うことができると思います。

ピンアン二段　「上下への変化」

ピンアン初段　「夫婦手の活用」

ピンアン三段　「転身移動」

ピンアン四段　「夫婦手のコンビネーション」

ピンアン五段　「初段から四段までの集大成」

「ピンアン初段～五段（抜粋）」動画（youtube）
https://youtu.be/-1eUpDeYyDk

最初に登場する夫婦手とは空手を実戦で有効に使うために非常に重要な手法であり、競技としての概念が皆無であった沖縄空手の実戦的主格となる独特の技法を表します。

また二段における上段突きは、これ以降の古典型にもあまり登場しない上段攻撃が明確に組み込まれていることが特筆されます。また、ここでは上段突きと受けの関連も重要なポイントです。三段の転身には従来の突き技から身体の移動をもって投げや関節技へ移行する妙技の基本が組み込まれています。

四段では、初段に登場する夫婦手を貫手に変化させる応用や、更に強い衝撃を与えられる胴体の活用を用いた夫婦手の変化を学びます。

五段ではすべてのピンアン型の要素を集大成した幅広い応用のノウハウが纏められています。ややや駆け足ですが、以上がピンアンのそれぞれに含まれている重要な要素と言えるでしょう。

創作型についての考察

以上、私なりに沖縄小林流のピンアン型について解説してみましたが、ここで最後に創作型としてピンアンについて多少触れてみようと思います。

何故ならば本稿で私が書いたピンアン解説を読んでいただいた読者の中には「初心者用に創作されたピンアンがそんなに高度である訳がない。ただ動作を並べただけで、そんなに深い意味はないのでは？」といった疑問を持たれる方もいるかも知れません。

確かに私はピンアンの創作現場に居た訳でもなく、「これはこうだ！」と習った訳でもありません。これは、私なりに稽古を積むなかで、自然に体感し習得した技術を逆算して納得したものであり、私のなかではほぼ確信している事実です。

私自身、各種の古武道（武器術）を弟子が習いやすくするため、これまで幾つかの訓練型を創作してきました。その際にごく当たり前の様に注意するものは、「型ごとにテーマを定め、段階を追って高度化しながら習得できるカリキュラムであること」です。

そうした思いは古今の指導者に何ら変化があるものではないと考えています。

問題なのは創作型を作るにあたって理由と目的にあると言えるでしょう。

その観点からもこのピンアンを分析し理解を進めていくことは、これまで単なる練習型と知られながら、あまり顧みられることがなかったピンアンに新たな光を当てる試みと言えるでしょう。

そうした新しい視点からピンアンを学ぶと、そこに存在するよく配慮された構造と、ナイハンチをより深く学ぶための階梯として、沖縄空手を理解するために必要で欠かすことのできない重要な型であることが理解できるはずです。

追悼　仲里周五郎先生

去る２０１６年８月24日、私がご指導を受けた沖縄小林流小林館範士・仲里周五郎先生のご逝去の悲報が届きました。96歳の大往生であったと思います。

思えば私が仲里先生にはじめてご指導を受けたのが１９８１年で先生が61歳の時であったと記憶します。

私は当時本土ではまだまったく知られていなかった小林流の空手の道場をやっとのことで探し出し、約3年間の修行をした後に本場沖縄へ修行の集約を目的に渡った際に、仲里先生のお世話になる幸運に恵まれました。

数ある小林流のなかで、偶然にも私が最も入門を希望していた仲里先生とご縁が繋がれたことは正に運命であったと感じています。

長い船旅を経て沖縄に渡った私は、宿も取らずに那覇市安謝にある仲里先生の道場兼ご自宅へ向かいました。

先生のご自宅のソファーで緊張して待っていると、グレー柄の浴衣を着た先生が現れました。その出で立ちと佇まいは、如何にも〝沖縄の空手家〟といったオーラを全身から発していたのをよく覚えています。

本文章はコ２【kotsu】連載時（2016年9月16日）に掲載されたものです。

仲里先生は、私がまだ20歳そこそこで余りにも若いことを驚いておられました。

当時の本土の空手は、漫画『空手バカ一代』の影響から極真空手がその中心にあり、空手＝喧嘩空手＝大山倍達といったイメージが広まっていただけに、目の前に現れた仲里先生の姿が、静謐さと威厳を兼ね備えた空手家として非常に新鮮に映ったものです。

仲里先生は様々なお話をして頂き、そのうちに先生の奥様に宿を見つけて頂けたこともあり、その日の夜の稽古を見学し、翌日からご指導を受けることになりました。

先生は私に昼間と夜の部、それに古武道といったすべての稽古に参加するように言われ、翌日から二ヶ月、先生のご指導を受けることになったのです。

初日の稽古はとにかく型の反復稽古で、まず指摘されたのは「力が足りない」ということでした。フォームの修正などを説明されることもなく、ただ「速く・強く」とだけ厳しく言われ、私自身もそれのみを脳裏に叩き込み「チクショウ」とばかりに思いっ切り打ち込んだものでした。

正直、初日に道場で見学させて頂いた際の型を見て「思ったよりも沖縄の型は雑だな」という感想を持っていたのですが、これが本土空手的な見方に染まったもので、型に込められた内容や目的が判っていませんでした。もちろん仮に分かっていたとしてもあまり意味はなかったとも思えます。

更に対面する先輩達の多くが当時全盛期であった極真空手信仰者であったために「こんな沖縄へ来るくらいなら池袋へ行けば良いのに」と言われ、「本部朝基や糸州安恒よりウイリー・ウイリアムス（＝米国、当時の極真のスター選手）だよ」といった風潮で何となく肩透かしを受けた出発でした。

暫くするうちに、「これが本来の型のやり方だったんだ！　とにかく言われる以上の力を出してやれ」と夢中になって動くのですが、力を入れると出遅れてスピードについていけず力をロスし姿勢も崩れる、さらに沖縄の暑さが体にのし掛かります。先輩に「お前、倒れるぞ」と言われながらも先生の言葉に従いフルパワー、フルスピードで稽古に臨みました。お陰で2回熱射病になり死ぬ思いをしたのを覚えています。

パワーとスピードは古武道のご指導においても同じであり、そうした号令に従い、平気で力強く型を行う先輩方の動きに敬服しながらも、必死でついていこうと頑張りました。

この経験が、私にとって以降の様々な発見と身体作りといった、向上への切っ掛けとなりました。

また、この第一回目の訪沖の終盤に、当時アメリカから修行に来ていた米国人空手家に渡米の誘いを受けたことを告げると「君はアメリカへ行きなさい、行って成功しなさい」と言われたことは、まさに私の人生さえ大きく変えることになりました。

いち空手少年から空手家へ、私の空手人生の大きなステップの扉を開いて頂いたものと心底感じる次第です。

その後、アメリカからの帰国時に沖縄へ寄り、数回のご指導を受けましたが、最後にお目にかかった際に、「君の師は仲里周五郎だよ。君は若く有望だ、これからどうなってもそう言うんだよ」とのお言葉もお受けしたことは本当に心強いものでした。

私は先生の元を離れアメリカを中心に空手の指導をして今年で35年になりますが、改めて思うのは、仲里先生は私が人生で出会った初めての〝プロの空手家〟であったということです。それは修行面はもちろん、指導活動をする上でのノウハウや心構えに至るまで、本当に様々な事柄を学ばせて頂きました。

今でも先生にご指導頂いたことは、私の身体内で生き続け、それがあるからこそ、空手を追求できているのだと、本当に感謝と尊敬の思いの他はない次第です。

私が先生のご期待に沿える空手人になれたかどうかは疑問ではありますが、ふと考えると現在の私の年齢も、当時私が先生と初めてお会いした年齢に近いものとなってしまいました。時の流れとは本当に早いものです。願わくば仲里先生の想いに応えられる空手家になるべく、精進を重ねたいと思っています。

今回の悲報を聞き様々な思いが脳裏を過るものとなりました。最後に改めて仲里周五郎先生のご冥福をお祈りさせていただきます。

横山和正　拝

第10章

夫婦手の基本

夫婦手（めおとて）とは

夫婦手とは沖縄空手独自の名称で、夫婦という表現を用いてお互いを補助し合う概念を示したもので、左右の双方の手を有効に連係させて行う両手を活用した技法の総称に用いられているものです。

読者の皆さんも、これまでに古典的空手の実用法を解説する文献を通じて、この夫婦手という言葉を目にしたことがあると思います。それ程この手法の名称は幅広く知られているものです。

ところが、その一方でいざその活用法の実態となると、いまひとつ曖昧で「何をもって夫婦手となるのか」「それが技なのか」「どの様なものが夫婦手として理解されるべきものなのか」などその定義が難しいところもある様です。

そのため道場で私がひとつの稽古法や用法を見せると、すぐさまそれを夫婦手と定義付け指導している光景もみられます。しかし、本来の夫婦手とはそのような独立した特別な技術でも特殊な技法でもありません。

そこで今回は、沖縄空手に伝わる夫婦手の解説を試みながら、その具体的活用法に迫ってみようと思います。

夫婦手の分析

先にも解説をしましたが、夫婦手とは基本的に左右双方の手が互いに補い合って、動作する技法を総括して指した名称であり、特定の技法や手法を指したものではないということです。

それは言い換えるならば、「基本の突き動作でさえも、突き手と引手の関係をもって夫婦手の一片」と言えるのです。

ここでは、そうした基本的な夫婦手の概念を土台に据えた上で、改めて考察していこうと考えています。

単独動作による夫婦手

これは主動作を行う手と予備動作を行う手の双方の関係に見られる活用です。主活動には突き・打ち・受けなどがあり、相手を直接打つ〝突き手〟と、それを補う〝引手〟との釣り合いを以て、夫婦手となっているものが主と言えるでしょう。

打撃攻防の夫婦手

これは単独基本から応用や実戦に適応していくうえで、より単独の動作を有効に相手に働かせるために、これまで単に引手として活用していた補助手を一変して攻撃を補う方向に変化させたもの。

投げ技、関節技を含む夫婦手

空手は単に突く・蹴るだけの武道ではありません。それらを中心にしながらも延長線上には投げ技や関節を極める技法も含まれています。特にその際には体全体の動作を用いてひとつの完成された技法として成立するためには、梃子の原理・軸の設定、などの造りが必要となり、それらを円滑に行うために夫婦手は不可欠なものとなります。

基本、型、用法、応用へ

さて、これまで沖縄空手における基本から型について解説をしてきました。沖縄空手は〝対人の技術を型で学ぶ〟といった独自の習得法が用いられているものであり、実際にそこには、いわゆる競技を前提としていない、武術だからこその整合性があるのです。

そして、それはこの項で紹介をしていく夫婦手もこうした習得法のなかに含まれる当たり前の身体運用のひとつであるのです。

しかし、こうした優れた習得体系を持っている空手ではありますが、もちろんすべてが完璧にという訳ではありません。

それは、稽古に用いられている型の動作がいくら高度、且つ有効なものであっても、動作が非常に抽象的で、ともすると「どの様にも解釈できてしまう」という要素を持っているからです。

そのためこれらの動作は訓練の熟練度、研究と見識レベル、経験、才能等の個人差によって、同じ動作や型を学んでも理解や内容に大きなギャップが生じてしまう事態が起きるのです。

結果、たとえ沖縄空手の型を学んでも、その内容や目的、稽古法への理解がなければ単なる動作の順番を覚えただけのものでしかなく、その真義に到達することはありません。

沖縄空手の向上は本書の冒頭でも触れた様に、

基本→型→用法→応用

という習得法の流れに即して段階的に向上していくものであり、これらすべてはそれぞれに深い関係を持っているものなのです。

それは今回のテーマである、夫婦手にも当然共通するところです。そうしたことを踏まえ、これまで学んできた基本や型の動作と応用の関係について、夫婦手を通じて、できるだけ理解し易い様に進めてみたいと思います。

受け技の再考

空手の基本動作が突き・打ち・蹴りといった当身の用法を中心に体系化されていることから、それらを防御する術〝受け技〟に値する動作が存在するのは当然です。

しかし、ここでまず書いておきたいことは、古くから伝わる様々な武道・武術には、本来防御という単体の用法が余り伝えられてきていなかった、ということです。

恐らく防御という概念・技術が最もシステム的にトレーニングされているのはボクシングでしょう。ブロッキング、ダッキング、ウィービング、スリッピング、パリーなどの防御技術は、多くの格闘技に影響を与えています。

ただそれは、リングで一対一でほぼ正対して向き合い、グローブを着用したうえで、手業で攻撃部位が腰より上というルールを前提に成立したものです。また、その指導も一部の優れた指導者を除けば基本的な技術は伝えてはいますが、最後は選手の能力（いわゆる避け勘と呼ばれるもの）に任せている印象が強いところです。

そうした中で空手の場合は、中段受け、上段受け、下段受け、払いといった明確な受け技動作がかなり重要な位置で織り込まれていることが特筆されるものです。

ところが、そうした空手の受け技も、いざ組手の段階に入ると型通りに相手の攻撃を受けきれるものではありません。と言うより型通りに行えば行う程、相手から遅れをとってしまうといった経験を、空手修行者の多くが経験していることだと思います。そのため、

「基本や型と実用法は別物である」

「整った受け技では自由な相手の攻撃に対処できない」

といった結論にたどり着いてしまうこともしばしばです。

また、下段払いの様な受け技は単発の前蹴り等に対しては対応できるものの、受け続けている限りは相手に攻撃の主導権を握られていることには変わりはありません。

そこでここでは、まず多くの空手流派で学ばれる、空手の受け技の「問題点」と言われる部分を今一度あげてみましょう。

・個々の基本の受け技の動作が大き過ぎる。

・一拳一蹴りに対して同じ要領で動いているため、攻撃が有利となる。

・コンビネーションに対して追いつかない。

・柔軟性・順応性に欠ける。

以上の問題があげられることと思います。

確かに基本から型、型から自由組手、自由攻防へと移行していく際に、基本の受け技を活用することが窮屈で困難に感じられます。それは基本で用いられる受けの動作が直立した姿勢を土台に、定められた形《カタチ》で動くことから、一動作ごとに腕や上半身が必要以上に固まってしまうためです。しかし、そうした窮屈さのなかで学ばれる要素は決して無視することはできません。

その理由は本書でも度々触れているように〝空手が姿勢によって作られてゆく〟武道であり、当初はそれが窮屈に感じられることもあるからです。

空手の基本や型は、すべて姿勢に基づいて行われてきているものであり、その目的は体に一定の枠を設定することで、普段、身体内外に分散したエネルギーを体に集め、自分の〝芯を創る〟作業と、それを有効に活用する運動法の習得を目的にしているからです。

そのために次のステップへの向上は、階段を一歩ずつ上る様に段階を高めてゆき、徐々に応用へと進むことになります。当然、新しい段階に進む際には体が慣れるまで（例、単独から対人へ）

窮屈さや不自然さは感じるものです。そのときに、「この方が有効だ」「これの方が簡単だ」といった、近視眼的にその場の効果のみを追ってしまうと、その先にある真の目的と向上を見逃してしまいかねないのです。

そこでこうした単独動作から対人応用へのステップは一本組手や約束組手によって、

- **基本的間合いの習得。**
- **受けた際の体勢の確保習得。**
- **間合いを保っての体捌きの習得。**
- **移動のタイミングの習得。**

などの対人技術の基本のポジショニングを無理なく習得できる構造になっています。

特に初心者には攻防を形でハッキリと区別して反復練習を行うことは、その感覚を養ううえで非常に優れた習得法であると言えるでしょう。

基本の受け動作の源泉〝十字受け〟と〝夫婦手〟

ここまで空手の〝基本の受け〟について考察してみました。

この短所・長所を相持つ受けの動作ですが、やはり訓練が高度化するなかで、こうした受け技が実用時においては限界があると感じることは少なくないでしょう。

その理由にあげられるものに、先にも記したように、

〝受けからの攻撃に時差があり過ぎる〟

ということがあると思われます。つまり、

〝左で相手の攻撃を受ければ、自分の攻撃には右手しか使えない〟

といった当然生じる動作の制限にあります。

また、攻撃を受けた後も、相手は動き続けており、連続して攻撃される場合もあり、受けているだけでは間に合わず、状況が変えられないということもあるでしょう。

これらの問題を解決するものが、夫婦手を活用した受けの用法となります。

こう書くと、何か新しい、隠された秘伝のように思われがちですが、実際は皆さんが普段当たり前に訓練している基本動作に含まれているものです。大事なことはあまりに当たり前すぎて、

何気なくつい見逃してしまっている動きを、丁寧に見直し、活用していくことです。

本章冒頭にも触れた一般的に用いられている空手の受け技動作には、中段外受け、内受け、上段上げ受け、下段払い、といった四つの動作がありますが、これらすべての動作の基となっているのは十字受けと言ってもよいでしょう。

これらすべての受け技には必ず正中線を基準に左右の手がクロス（交差）していく瞬間が存在します。

空手の受け技は、この腕のクロスラインを中心に相手の攻撃の芯を外し、外へ弾く・流す、内に弾く・流す、上へ弾く・流す、下へ弾く・流す、ことで、自分の正中線を基準に攻撃のポイントを外すことにあると言えるでしょう。

夫婦手による基本の受け

空手では〝極め〟と呼ばれる概念があり、それは型を行う上でも重要なポイントとされていますが、ともすると単独の受けの動作姿勢を受けそのものとイメージすることが多いようです。

しかし、腕で相手の攻撃を受け払うだけでは、仮に相手の攻撃を受けられたとしても、受ける

度に自らの動作も居着く体勢になってしまいます。
その理由は、現在空手の受けとして認識されている動作が、実際には受け終わった後の終了姿勢であるために、実際の活用法とは実践上に微妙なズレが生じている光景も目にします。簡単に言えば、本来の空手の受けは、相手の攻撃を止まってガッシリと受けることではありません。本来は、相手の攻撃の芯を外すことで威力を減殺しつつ、同時に攻める、あるいは相手を崩すものです。受けに徹して必要以上に受け切る必要はありません。
また、空手の受け動作は、動きの始まりから終わりまでが大きなストロークで行われ、時に体から遠く離れたところで受ける動作が見られますが、実際、殆どの防御は、自分の体に近く、正中線付近で行われるべきものです。
そうした受けのポイントを理解するためには、まず各受け技の動作の基となる正中線を基準に、相手の突きに対して引手となる手で軽い捌き・流して伏線を作りつつ、もう一方の受け手になる手が引手とすれ違う瞬間（クロスポジション）に受け手

「十字受け」動画（youtube）
https://www.youtube.com/watch?v=TVfQjci7E8E

基本の「十字受け」

両手を使う（夫婦手）を体に馴染ませる基になるのが、この相手の突きを外に捌く十字受け。自分の正中線を守りながら相手の突きを外に外す。

に切り替える、という夫婦手の見えない動作（無視されがちな動作）を意識的に稽古することが有効です。

こうした稽古を繰り返すことで、切り替えられた受け手は単なる受けに終わるのではなく、相手の攻撃手をそのままこちらの技の切り出しに逆用できるのです。

極論をするならば、空手の受け技の基本は実は両手を用いて行うものなのです。

そして受け動作が受けにとどまらないのが特徴です。こうした受け技には夫婦手活用が必要となります。相手の攻撃に対して、片手ですべてを受け切るのではなく、双方の手の連携動作をもって行うことで、左右の手の負担は少ない上に、どちらの手も攻撃や掴み、押さえ、崩しへと自在に流れを切ることなく連続していくことが可能となるのです。

実際に動いている相手を捉えるには、片手よりも両手の巧妙な連携動作を用いた方が数倍容易になります。

「夫婦手による基本の受け」動画（youtube）
https://www.youtube.com/watch?v=7Qlq8z8s5QU

交差法の夫婦手

前述した受け手の夫婦手を更に攻撃と一体化したものが、交差法に用いた夫婦手です。

交差法とは受けと攻撃を同時に行うことを指した名称で、簡単に言えば、先に紹介した左右の連携動作で〝負担を少なくした受け手〟から、引手を攻撃に転用したものと言えるでしょう。

こうした動きは、体幹部の安定と、そこから生み出される力を左右の手の連結動作に結びつけることによって行われます。ここで大切なことは体幹部の力を利用し、胸骨・肩甲骨

「夫婦手による受け返し」動画（youtube）
https://www.youtube.com/watch?v=L4dD_m_jUho

「夫婦手」による受け

空手のすべての受けは、夫婦手（両手）で行うと言っても過言ではない。十字受けと同じく自分の中心を守りながら、相手の突きを左右の手で受け換える。

「夫婦手」による交差法

交差法で相手の突きを捌きながら同時に自分の突きを入れる。

を開き、閉じることで一気に左右の手を瞬間移動するイメージで使うことです。

至近距離での夫婦手

空手をスポーツ競技としてだけではなく武道・武術として学ぶ上においては、試合を想定した、一定のクリーンな間合いでの攻防だけでは不自由が生じます。その理由は戦いには広い空間を用いた攻防と、密着した接近戦が存在するからです。

実際、私の知る沖縄小林流の技法には多くの接近戦における当身が伝

「夫婦手による交差法」動画（youtube）
https://www.youtube.com/watch?v=DM9E7p1Yekg

えられています。

それらの多くはこれまで度々言われてきた、古典空手の実戦法である〝相手を掴んで打つ〟といったものに相当します。ここで重要なことは、単に〝技術の無い人間が掴んで打つ〟といった粗野なものではなく、掴みとは、崩し、引っ掛け、挟みなどの様々な要素を内包したものであり、掴むという行為も、いつも手によるものとは限りません。時には引手の脇に相手の腕を挟み込むことも含まれています。

つまり〝掴む〟というのは単に手で行う行為ではなく、相手の動きの自由を制御する援護技法全般を意味し、同時に強く的確な打撃を相手に加えるための、統合されたひとつの技なのです。

更に、そうした打撃だけではなく、投げ技や関節技においても攻撃を行う側の手は、それを支える逆手（引手）との連結がなくては有効な技法として効果をあげることはできません。

「夫婦手」での攻防の一例

引き手と打ち手を連動させて活用した一例。引き手で相手を掴む、挟むなどすることによりコントロール、的確に攻撃を加える。

第11章

掛け手で制し、掛け手で養う

型の応用を学ぶ掛け手（カキエ）

さて、これまで沖縄空手の訓練法の主格を占める基本動作、型についての解説から対人訓練へと筆を進めてきました。本章では一般的に知られている稽古とは、一風異なった対人での稽古「掛け手（＝カキエ）」の解説を行いたいと思います。

空手の対人稽古と言えば一般的に〝組手〟が挙げられますが、多くの場合本土で言う組手の認識は、いわゆる〝スパーリング〟と同種の稽古法として理解されているでしょう。内容としては基本動作である突き・蹴り・受けを主体に実戦を想定して行う方法が一般的です。

さらに競技化が充実した近年では、ますます〝組手〟の方向性は試合に即して有効な攻防技術を基準に構成・発展していることが多いでしょう。

しかし、本来古くから伝わる東洋の武術には、〝競技〟といった概念はなく、こうした訓練法も一定のルールを想定した試合や戦いに向けて特化して行われるものではありませんでした。そのため、様々な古典的武術の稽古法を見渡すと、一見実戦法から離れた非実用的に思える稽古内容をまま見ることもあります。

今回解説していく〝掛け手＝カキエ〟も言うなれば一見すると外部からは何をしているのか意

味不明な稽古法のひとつに挙げられるものでしょう。

掛け手＝カキエとは

それではこの〝掛け手＝カキエ〟とは一体どの様なものなのでしょうか？

簡単に動作だけを説明すれば、互いに向かい合った状態でお互いの前手の手首を合わせ、その手首を密着させたまま、静止する・押す・引く、内外移動・回す・掛ける、などを行うものです。

著者画

　こうした手首を合わせた状態で行う稽古は、間合いを保って突き・蹴りを行うことが一般的な本土の空手修行者からすると多少イメージ外にあるでしょう。しかし、その一方で空手の源泉に深い影響を与えている中国武術においては、非常にポピュラーな稽古法のひとつであり、その様子はブルース・リーの名作アクション映画〝燃えよドラゴン〟のなかでも、試合シーンとして登場しており、そちらでご存じの方も多いでしょう。映画のなかでは、互いに前手を合わせた塔手と呼ばれる姿勢から、リーが予動作なく鮮やかなパンチを放つシーンが印象的で、それまでの映画のアクションとは異なった東洋武術独特の世界を描いています。

この様に手首を合わせて開始する武術の訓練法は、従来から太極拳の推手や詠春拳で用いられる黐手（チーサオ）の他、数多く存在し、空手においても沖縄の那覇手（剛柔流）ではカキエと呼ばれ、広く行われているものです。

私がこの訓練法と直に接したのは、台湾で衛笑堂老師より八歩螳螂拳を学んだ際と、沖縄での小林流（首里手）修行を通じてでした。

沖縄では仲里先生が正式に指導されていたわけではありませんが、機をみて演武をして頂いたり、先輩方から解説してもらうなか、、自分なりに中国武術と沖縄首里手の共通項を見出し大変興味深く感じたものです。

その後、アメリカへ渡った後も様々な武術と交流するなかカキエの研究を重ねてきました。

〝掛け手（＝カキエ）〟と〝組手〟の違い

では、掛け手＝カキエ（以降〝掛け手〟）とは、一体どの様な目的と効果があるのでしょうか？これは先の項でも触れましたが、空手を格闘技のひとつとして考えてみれば、打撃系ならば突く・蹴るをとことん追求し向上させることを先決に考えるでしょう。また投げ技を含む組技を補強するのであれば、柔道やレスリングの稽古をした方が良いはずです。

こうした合理的な考えからすると、打つでもなく投げるわけでもなく〝手首を合わせる〟といった体勢が非常に非現実的なものに映るでしょう。

では、なぜそんな稽古を行うのでしょう？

その答えは、

「空手が武術としての身体作りを行う訓練法であるから」

と言えるでしょう。

それは本書でこれまで書いてきたように、〝空手は姿勢で学ぶ武道〟であり、姿勢とは身体内部の充実を図るための器として捉えます。

同じ運動とは言っても一般的なスポーツでは体の外延の活動（筋肉の緊張と弛緩で動作を行う運動で、筋力主体で生み出すスピードや力を私は外延の力と表現しています）がその大部分を占めるとするならば、武道の場合は体の内面で生み出す力の育成と活用法を習得するための道具であると言えます。

そうしたことから、通常行われる護身術的な動きや試合向けの技法に直結した攻防訓練を、「一般的組手」と定義すると、すべての技をより効果的に使えるための武道的身体を作り、力の方向性や感覚を体感していくものが〝掛け手〟であると言えるでしょう。

掛け手の効能

掛け手はお互いの手首をつけた状態から開始する稽古法ですが、熟練者は相手に触れるだけで既に相手の武道的な身体のレベルが予想できてしまうことがあります。

途切れることのない相手との接触の中で芯を得る。

では何故触れただけで分かるのでしょうか？

ポイントは接触点に発生する力にあります。本来力とは方向性を持った移動によって増減するものです。そのため、目の前に立つ相手の存在を意識すればする程、相手に負けまいと反射的に体の力が働くものです。そんな時に相手がフッと力を抜いてしまうと、つっかい棒が外されたように、自分が力を向けていた方向へ飛んでしまうものです。

武道における内面の力とは、こうした外側の状況に流されない自立した力を指したもので、稽古とはそうした力を養うためのものです。

それは体幹部はもちろんのこと、四肢全体に〝芯〟が入ったような感覚とも言え、これを〝骨で動く〟と表現することもできるでしょう。

掛け手の稽古は、こうした力や動きを外延から入って内面の奥に浸透させていくのに非常に適したものであると言えるでしょう。

従って掛け手の稽古の際には、突き蹴りが直接に打ち込まれなくても、相手との接触点から絶えず圧力を感じ続け、更に動きが加われば、自分の重心・ポジションの正しい位置を絶えず作り続けなければなりません。

一般的な組手に比べると限りなく躍動感の少ない稽古法に感じられますが、その実、自分の状態が明白に感じ取れ、打撃系の組手にあるラッキーパンチや誤魔化しが利かない非常に有意義な稽古法です。

こうした稽古は一定の間合いで戦うこととは真逆の難しさと苦しさがあるものです。しかし繰り返していくうちに、長い時間圧力に耐えながらも余計な力を省いた体の状況を作り上げていくことができます。それらに更に「手首を捕る」「押し合う」「当身を混ぜる」「崩し合う」などの技術的なバリエーションを加えることによって、様々な効果を得ることができます。

掛け手の実践訓練法

それではここでこうした掛け手の訓練法の幾つかを紹介してみましょう。

掛け手の対人稽古（一）

基本突きと外受け
双方、右手を前に合わせて構え、一方がゆっくりと捻り込みつつ直突き、一方は外受けで受ける。
相手をしっかり直突きで押し込みつつも、前傾したりせず、常に真っ直ぐの姿勢で行う。

「掛け手の対人稽古（一）」動画（youtube）
https://www.youtube.com/watch?v=y0MO0hL570U

掛け手の対人稽古（二）

正中線の差し
開手で構え、相手の正中線に手刀をやや上から押さえるように押し込む。受ける際には内側へ捻りながら。

「掛け手の対人稽古（二）」動画（youtube）
https://www.youtube.com/watch?v=V6Ni8UPy310

掛け手の対人稽古（三）

手首を捕る

双方手首を合わせて構え、互いに手首を捕る。
自分の手と相手の手を密着させることで、相手からの情報を感じて行う。

「掛け手の対人稽古（三）」動画（youtube）
https://www.youtube.com/watch?v=GG1i6Lbaevs

武道がルールの無いオープンな戦いの場であることを前提として訓練されるものであるならば、遠い間合い、近い間合いといった限られた範疇での技術だけでは不十分であることは理解できると思います。実際、攻防のなかで間合いは絶えず遠隔から至近距離へと変化することがほとんどでしょう。多人数を相手にするケースを考えればなおさらです。

何年も突き蹴りを学んでいても、一旦相手と接近した際に、自分の重心の取り方や相手の動きを感じ取れずに、あっさり振り回されてしまっては困ります。

タイ国のムエタイでは〝首相撲〟と呼ばれる、腕で相手の頭をかかえ込みコントロールする接近戦の技術が極めて巧みであり、それが彼らの強さの秘密であることはよく知られるところです。

また近年の武道界では、より体に負担を掛けず、力をあまり用いない洗練された動きを〝高度な身体操作〟として、ある種のブームを築いていますが、いくら沢山の身体操作や技術を覚えても、止まった状態ではあまり意味がありません。ブルース・リーの「板は打ち返さない」ではありませんが、お互いに動いているなかで、必要な瞬間に十分な威力や結果を生み出せなくては、単なる小手先の技で終わってしまうことを肝に銘じなければならないでしょう。

ここでご紹介した掛け手は、攻防の技術であるとともに、自己の身体内のエネルギーの感覚と流れを対人運動のなかで体感していく稽古法であり、武道的身体の養成と充実に必要な、地力の養成に非常に有効な訓練法であると言えるでしょう。

一本組手について

以上、空手の稽古法〝掛け手＝カキエ〟について解説を行いましたが、ここでもうひとつの基本的組手である〝一本組手〟についての考察もしておきましょう。

本来一本組手は空手の最も初歩的な対人練習を成すもので、前述の掛け手よりも前に紹介するべきものとも言えます。

一本組手とはいわゆる攻撃側が一本（＝一打）のみの限定で攻撃し、それを受ける側が受けから攻撃までの連結動作で迎え撃つ稽古法を指しています。

攻撃の際に何をするか予め決めておく約束組手と、自由な攻撃が許される自由一本組手がありますが、双方で共通しているのは「攻撃は極め込む一打を放つ」ということにあり、ジャブやフェイントなどは含まれていません。

こうした稽古方法であることからよく誤解をされるのは「現実にはそんなに都合よく決まった動きをしてくれないよ」「そんな訓練で時間を潰すならもっと実戦的なスパーリング（自由攻防）の練習をした方が良い」といった印象を持たれることです。

かく言う私自身も学生時代によく一本組手の稽古を見た同級生に「空手はママゴトだ、あんなの通用しない」と言われたものです（実際に相手をしたところ口ほどにもなかったのですが）。ただこうした雑音のなかで、私自身もどこか釈然としないものを感じていて約束組手系統の稽古が嫌いだった時期もあったものです。

しかし、空手の修行を続けるなかで理解度が進むとともに、実際に弟子に指導する中で、武道としての空手の習得には約束組手や一本組手が不可欠であることが理解できました。

一口に戦いと言っても、そこにはスポーツ・競技上のものと、そうでないもの（実戦）が存在します。

競技であれば、そのルール内で有効な方法で構え、始めの合図とともに攻防を組み立てていきますが、ルールの無い実戦の場では、明確な始まりはなく、ともすると戦況が滅茶苦茶な団子状態に陥ることも少なくありません。

恐らくそうした印象もあって、一本組手を指して「そんなに簡単じゃあないよ。相手は思う様に動いてはくれない」と言うわけでしょう。

しかし、実は必ずしもそうでもないのもまた現実で「簡単に決まる」こともあるのです。

私は渡米前に様々な思いから、外でワザとトラブルに巻き込まれ空手を訓練しようとしていた時期があります。

その際はあくまでもこちらは喧嘩ではなく渡米準備の度胸試しだったので冷静にやることを心

掛けていました。

不思議なもので、こちらが冷静であればあるほど、相手はある種の「お約束」の行動を取ることが多く、見えやすい大きな動作での掴みや打撃が飛んでくるため、意外にも一本組手の状態が成立してしまうのです。

もしこのとき相手と同じように興奮してしまっていたらこうはならず、それこそ組んずほぐれつの喧嘩になっていたかも知れません。相手の動きをギリギリまで見極めながらも、最短最速で先を取ることが養われる一本組手は、非常に実戦的であるというのが、私の経験から来る実感です。

また実際には単純な早さの問題だけではなく、空間外の間合いを用いて相手をコントロールする要素も含まれており、武術的な要素が凝縮された稽古法と言えるでしょう。

もうひとつ実際にあった出来事を書いておきましょう。

これは私が渡米したばかりの頃にある道場に出張指導に出かけた時のことです。

私が護身術で掴まれた手の切り方を指導していると、そのなかの一人が「本当に切れるのか試したい」と申し出てきました。特別挑戦されている意識はなかったのですが、その握りの強さは今まで経験したことのないほどの握力でした。

そこで私は「イヤ、まだ弱い、もっと強く握らないと怪我するよ」と言って、より手を強く握らせ、機が熟したと感じた瞬間に、相手の顔面に強い平手打ちをかましました。〝バチン〟という音とともに両手は外れていました。これは相手も見ていた道場生も予想外だったようで、大うけしました。

ルールが定まっていない場面であるからこそ、相手を自ら術中に嵌めてしまえば、戦いは想像以上にシンプルに、有利になることが多いということです。

その際に大切なことは、決して相手と同じ体勢では挑まない、つまり相手の攻撃的な体勢に同じレベルで応じない初動の前の体勢の重要性です。そうすれば相手はこちらの望むカタチで動いてくれます。競技でないからこそ、こうした実際の攻防の前にある曖昧な戦闘状況の作りが大事になるわけです。

そして、それはまさしく一本組手で養われる要素であり、それが分かると、一本組手がいかに実用的な訓練方法であるかが理解できるでしょう。

第12章

空手における投げ技・関節技

対人訓練で得られるもの

第11章では、〝掛け手〟の訓練法で、一般的にイメージされる遠い間合いで攻防を行う空手のイメージとは少々異なる、体の一部を密着させた状態で行う鍛錬法を紹介してみました。

本章ではそうした密着した間合いで活用する空手の技法について考察を広げてみようと思います。

これまで沖縄空手の訓練の土台となっているものは姿勢であり、その姿勢を用いて動く〝型〟が沖縄空手の訓練の中心となっていると紹介してきました。空手は型で姿勢と動作を用いて自分を練ることによって武道身体を造り上げていき、そして武道としてより高い完成を試みるために対人練習が行われます。

その対人練習で初めに行うのが約束組手であり掛け手であることはここまで紹介してきた通りです。

これらの訓練はその前提に、まず型によって蓄積されてきた単独動作があり、それを技として活用する上で非常に重要な転換作業であると言えるでしょう。

注意して欲しいのは、単独動作では技が練られないと言っているのではありません。これまでくり返し述べてきたことですが、型には体を練る要素はもちろん、技も含まれています。それをより明確に確認・活用するために対人の稽古があり、武術としてより確実性を増すためには必要な稽古と言えます。何故ならいかに身体能力が向上しても、技を成すには敵を知る必要があるからです。ここで言う敵とは対象物を指しています。

技は決して自分本位では掛からないものです。そのために組手で打撃攻防の基礎を学び、掛け手で身体箇所の作用を感じ取るのです。

この対人訓練から得られるものは、

相手との相対的状況のノウハウ
自己の心身の強化と感覚の養成
自己に適した距離の習得

などの戦いにおける自分自身の下準備と、

状況に適した動作の選択
ポジション・タイミング・リズム等の技法を有効にする具体的な理解の養成
有効と成りえる技の抜粋と訓練

短い距離で相手に打撃を効かせる寸勁。ここではクーサンクーの猫足立ちの要領で行っている。前足のカカトを床にグンと張るようにして打っている。

といった相手に直接技を掛けるための具体的な方法の習得と理解が得られるのです。

自己の充実と対象物との駆け引きの一体化によって、初めて応用力に富んだ空手の習得が可能になるのです。

そしてそれらは、最初は遠い間合いから始まり、熟練をするごとに余計な動作が省け、徐々に間合いが狭まった状態で行われる様に変化をしていくことがあります。

その一つの例が〝寸勁〟とも呼ばれる〝距離を限りなく無くした打撃〟にも見ることができます。

更にこうした距離を狭めた状況においては、どうしても無視できない技術に〝投げ技〟〝関節技〟が存在します。

こうした様々に異なった状況に対応するために組手と掛け手は不可欠となるのです。

特に相手と接近して行う掛け手は、ショートレンジの間合いから、体幹を強化しながら相手を崩す訓練にも適していることから、投げ技や関節技といったいわゆる空手の裏技（表であまり知られていないだけで、私にとってはごく自然なことなのですが）の向上に非常に大きな効果を見ることができます。

対人技法に不可欠な二つの距離

実際他者と対したときに最も重要なのは、相手に対する自分の立ち位置＝ポジショニングです。このポジショニングに密接に関係するのが〝間合い〟です。

空手に限らず武道の世界では、この間合いという言葉がよく用いられますが、間合いには二つの意味があります。

ひとつは相手との実際の距離を示すもので、もうひとつは心理的な間合いです。例えば面接試験など不慣れな場面で「どうも間が保たない」などというときに使われる、時間や精神状態を指した間がそれにあたります。

ポジショニングは実際の距離と、心理的な間を合わせたものから成ると言えるでしょう。また前者の空間的距離の変化とともに構えに始まり技への移行に関係し、心理的距離はスピードのコントロール、タイミングに関連し、この二つにより武術の距離は成立していると言えるでしょう。

A　空間的距離

空手が相手と離れた状態から突き蹴りを用いる攻防を基としている以上、双方の立つ位置と両者の距離は非常に大切なものになります。

互いに構えている状態は、陣地の奪い合いを無意識に行っている状況にあり、相手に対して自分が打ちやすく、かつ打たれにくい位置を確保する駆け引きが存在します。

そうして得た自分の領域を基に一気に詰め寄り攻撃を極めてゆきます。

このとき、相手に対する角度や距離を変化させることにより、より大きな効果を生み出すポジショニングを得ることができます。

B　心理的距離

心理的距離とはいわゆる、相手の心理や反射を利用して、スピード・タイミング・リズムなどを計った間であり、これをコントロールすることで「入れない」「相手の動きについていけない」「思い通りに距離が取れない」等の状況を生み出します。

間合いやポジションはこの様に様々な技法を組み立ててゆくことが可能になるものです。

空間的距離の一例

相手が左前手（左構え）の場合の一例。逆突きを警戒するのであれば、左前手の外側が比較的安全な空間となる。逆に内側は逆突きが伸びてくる可能性があり、仮に相手の突きを捌いて関節技を極めにいっても、背後から首を絞められてしまう恐れがある。

心理的距離の一例

以下に簡単な例を示す。01. 相手が打ち気で前に出ようとする瞬間に、逆にこちらも前に出る素振りを見せる。02. 意表をつかれた相手は一瞬動きが止まる。更に僅かに下がり間合いを外す。03-04. 意表をつかれて居着いた相手に前蹴りを放つ。この間、足の位置は変わっておらず、心理的な操作のみで距離感をコントロールしている。

体格差を打ち消す、ゼロ距離での攻防

これは私の経験談ですが、空手における接近戦で深く思い出に残る出来事があります。

幼少期から空手と出会い小学校の高学年で道場稽古を始めていた私は、当時から「空手はすべてを使う最強の武道」と考えていました。

前にも書きましたが、昭和中期の空手界の状況は現在とは異なり、「町のいたる所で道場が見つかる」といったものではなく、空手はまだ神秘の武道であり、危険な武術として密かに存在していた時代でした。

そんななかで私は、子供ながらに「強くなれる厳しい道場」を求め、剛柔流道場・松濤会を経て糸東流系の北村先生の道場に入門をした訳ですが、当時は試合も普及していない状態で、道場での稽古そのものが試合であり、シビアな試し合いそのものでした。

そうした環境のなかで、先生も子供の私がやる様々な試み（当時は無かった後ろ回し蹴り、自然に覚えたローキック、他）に注意することなく稽古をさせてくれ、比較的ノビノビと稽古をしていました。

しかし、そんなある日、私は先生にこれまでにない厳しい言葉で注意を受けたことがありました。

相手の攻撃に合わせて密着することで相手の攻撃を無力化できる。

それは道場でも強い先輩と組手をしていたときのことです。先輩の強烈な突き蹴りに夢中で対処していたものの、明らかに圧倒されていた私はフッとしたタイミングで、その先輩の出会い頭に入り身(当時はこんな言葉はありませんでしたが)をし、相手に自分の身体を密着させることで、突き蹴りを殺す術を見つけたのです。

すると先輩の技は急にキレを失い、なんとか状況を打破しようと力む先輩に対して、こちらは適当に相手を押したりしてバランスを奪い、打ってはくっつく戦法を用いて形勢が逆転、有利に組手を進めつつありました。

その時に先生が割って入り「そんなバカなやり方をするものではない。相手が出て来たらスッと下がるか、カウンターを取りなさい」と叱られたのです。

私としてはやっと強くて大きな先輩に唯一対処しうる戦法を見つけた思いで嬉しかっただけに、非常に残念で釈然としなかったことをよく覚えています。

ただ、そのままやめてしまったわけではなく、その後はその入り身のタイミングのみを活かし、密着する少し前に足払いを掛けるなどいわゆる空手的な動きのなかで使う方法を覚え、それを自分の勝ちパターンのひとつにしました。

ただ、その出来事自体は非常に大きな疑問として私のなかに残っていました。それを解決できたのは台湾における衛笑堂老師との出会いでした。

衛老師の螳螂拳は遠い間合いから瞬時に接近して、相手を打つ、投げる、等の特色があります。そして、それらは皆、単独の基本動作や套路（＝型）の中に含まれているものでした。

私は衛老師の掛ける技を体感するなかで、逆に当時、私と組手をしていた先輩の置かれていた状況を初めて理解することができたのです。

実際に相手に巧みに接近されるとこちらは打つ手がなく、距離次第で打撃は容易に殺されることが分かりました。また確かに皆がこれをやるようになれば、突き蹴りの稽古が疎かになると感じ、やはり当時の先生が指摘されたことも当然だと理解できました。

しかし、武術・武道として空手を学ぶのであれば、そうした相手の動きを封じ込めながら投げる、倒す、極めるものが打撃を主武器とした拳法や空手の技術と体系に含まれていることを認識し、ゼロ距離で相手と接触した位置における技法の研究が不可欠なのもまた事実です。なぜならそれを含めて武術であり空手だからです。

空手の投げ技

武道や格闘技において投げ技と言えば、まず頭に浮かぶものが柔道でしょう。よく知られている通り、柔道は古くから伝わる古流柔術を元とし、以後レスリングなどの西洋格闘技の要素も導入して造られた投げ技を主体とした近代武道です。今日では競技として発展したこともあり、お互いに同じ条件で勝負をすることを前提として、双方組み合った体勢から始めることが基本とされています。

競技として纏め上げた柔道は、基本的に、

払い技、担ぎ技、落とし技、刈り技、捨て身技

などの、非常に多くの技術的なバリエーションを持っています。

そうした柔道と空手は明治時代には深い交流もあったと言われており、柔道の祖・嘉納治五郎氏は、当時本土で空手の普及に努めていた船越義珍師に、講道館において〝護身術研究会〟として一時期空手の指導を依頼したとも伝えられています。

しかし、そうした交流の歴史のなかから、直接的に柔道の投げ技が空手に大きな影響を残した、という記録や形跡はあまり見られません。

ではなぜ、相手を投げる技術に長けた柔道の投げ技が余り空手に影響を与えていないのでしょうか？

それはやはり同じ武道とは言っても突き・蹴りを主武器として構成されている空手は、相手との接触時間が短く、間合いの出入りが頻繁となるために、しっかり相手と組んで始まることを前提として用いられる柔道的な投げ技は、その基本コンセプトに適さないと言えるかも知れません。

しかし、空手の型には、投げ技の原石もまた織り込まれています。

その最も基本的活用法の一例を紹介してみましょう。

最初は前屈立ち諸手受けの投げ技応用です。

この技法の特色としては、型の訓練にて培われた姿勢を基に、重心の変化と立ち方の特徴をそのまま投げ技に活用している部分にあると言えるでしょう。

この様に空手における投げ技は、こうした本来の訓練の中から自然に折り込まれたものであり、言い換えれば幾らでも応用が生み出されていくものです。技術的な特徴としては動く相手を瞬時に止めて崩すところにあると言えるでしょう。

前屈立ち諸手受けの投げ（一例）

相手が左手で攻撃をしてきた際に、右足を外に踏み込みつつ、右手で相手を押さえ、腰の落としと立ち方で相手を投げる。

前屈立ちの動きで相手を挟み倒す。

空手の関節技

さらに接近戦において無視することができない技法に〝関節技〟があります。

先ほど紹介した投げ技が、ガッチリと組んで行う柔道のそれとは異なり、動いている相手を体で挟み込む様にして崩し倒す原理で構成されているのと同じく、空手で用いられる関節技も、その原理原則は型のなかの動作と動きの応用で構成されています。

関節技と一口に言っても、合気道の様に投げ技に繋がるもの、ブラジリアン柔術に見られる絞り上げる様なものなど、流派によって様々な展開や特色があります。空手の場合は関節を極めつつ〝関節へ直接強い打撃を加える〟ことが特徴的です。これもまた空手の基本が、打撃動作を用いた型によって習得されていく特性からくるもので、小さな力で一瞬で関節を破壊する合理的なものです。

ここにあげている関節技の例は、空手における技法のほんの一部を紹介したものです。

実際の稽古においては投げ技・関節技と区別する必要もなく、すべての技法は型により自らの身体操作を学び、力とスピードを兼ね備えた体のキレを養成しながら、組手や掛け手の様な対人練習のなかで動きの感覚、相手の体の構成や動作の変化を学んでいくものです。

言い換えれば型で養った身体の発露が突きであり、蹴りであり、投げであり、関節技であるわ

ナイハンチ二段の関節技（一例）

右双手受けから下段蹴りを入れつつ極める。

肩を掴んでくる相手のを押さえ、

腕を巻き込み、

ヒザを蹴り込み、

腕を極め倒す。

ナイハンチ三段の関節技（一例）

外受け、腕を外に回転させ、外受けに返す。

相手が右肩を掴んでくる動きに合わせて、添え手から右腕を絡め取り極める。

肩を掴んでくる相手の手を押さえ、

腕を大きく巻き込み極める。

けで、私自身の感覚としてはそこに区別はありません。恐らくこれは私に限ったことではないでしょう。ですから空手の投げ技や関節技の場合、「○○投げ」「○○固め」といった確立された個々の名称を持つ技法は、私が知る限り存在しません。それが時と場合に応じて表出するのが空手の技であり、そのためにひとつの動作から多くの技に変化していくキャパシティーの広さが空手の特色であり、空手が本質的に単なるスポーツのひとつに収まり切れない奥深さを持つのだと言えるでしょう。

もちろんこれは空手に限ったことではなく、そもそも多くの技と呼ばれるものは、現在の人がイメージするような固定的な技は少なく、あくまでも流れのなかで表出されるもので、特定の技を学ぶということは少なかったのでしょう。

技を主体とした稽古法や考え方などは、競技化や指導のためのカリキュラム化が進むとともに発展したものであり、そもそもはどんな技術・手段であれ、身の安全を守りつつ相手を制す、あるいは窮地を脱することが第一義としてあったと考えます。

投げ技と関節技

私はこれまで空手を中心に柔道やレスリングといった組技のスポーツも学生時代に学んできま

した。それは何も空手に活かす目的のために始めた訳ではなく、友人に頼まれて自然の流れでやる羽目になったり、興味を持って自発的に始めたりしたものですが、今となってはその経験が非常に大きな財産となって私の空手を支えていることに気が付きます。

一口に投げ技・関節技と言っても、その実、一般に思われているほど単純なものではありません。例えば、投げ技と聞けば普通に思い出されるものは柔道の背負い投げや一本背負い、といった相手を華麗に投げるという完成された形を想像しますが、これも条件によって異なり、道着を着ずに行うレスリングなどでは、掴める部位が限られているため、巻き込み投げやタックルの様な倒し技が有効となります。

更に柔道では競技という性質上、試合を決する「一本」を示す〝極め〟を作るために、投げた相手を支える〝引手〟が指導されます。一方、相手を投げてからも継続的に戦いが続くレスリングでは、投げは寝技に持ち込む手段のひとつなので、極めを求めたものではなく、投げた後に相手をコントロールすることを重視したものになり、同じ投げ技でもその目的や仕掛け方が異なります。

つまり一口に投げ技と言っても、それぞれにコンセプトに違いがあるわけです。

そうした見地から空手の投げ技を見ると、どちらの要素を含みながらも、当然両者とも違う独特の個性を持っています。

大きな違いは突き蹴りを主体に実践される空手は、独特の広い間合いを持つために、じっくりと掴んで駆け引きをするチャンスがないことでしょう。したがって背負い投げや一本背負いの様に投げ技の代名詞になるような技法は不向きで、有効になる投げ技となると、

足払い（引っ掛けを含む）
挟み倒し
突き飛ばし
抱え投げ

といった類のものが主体となると思われます。そして、これらのどれもが、

足払い→蹴りや、ナイハンチの波返し、立ち方の応用
挟み倒し→型における各動作（本文中の技法を参照）
突き飛ばし→直線の踏み込み移動の応用
抱え投げ→型動作と身体操作の応用

という様に型の訓練のなかから鍛え上げられている身体動作の原理で行えるものです。

挟み倒し

相手を中心に置き、上下の交差動作で挟み倒す。

また演武や競技でない戦いの場では、華麗な投げの極めを生み出す引手もそれほど必要ではありません。武術としての投げ技の目的は、技の熟練度を競うものではなく、その場の有効性のみがすべてであるからです。特に本来の武器なども扱う武術的な空手の投げ技は、相手に勝利するための主要技と言うより〝相手の攻撃を断絶する〟補助的な意味を持っているとも言えるでしょう。

空手の関節技にまつわる話

私が空手の修行に没頭した理由は、やはり空手の持つ独特の風貌、世界にあり、突き蹴りという打撃の鋭さと神秘性に憧れたからに

クーサンクー小の突き飛ばし

クーサンクー小の諸手刺し突きからの突き。

他なりません。

稽古をするうちに「突き蹴りだけではなく、空手は何でもできる最強の武術」と考えるようになりましたが、やはりその中心となるものは打撃への興味でした。そんな自分にとって空手の更なる探求を夢見て渡った台湾と中国武術での経験は、それまで知らなかった打撃の新たなる一面を知ることになったのは既に書いた通りです。

今一度それをまとめると、

套路＝型と技法の繋がり
打撃系における投げ技の活用法
擒拿＝関節技

などの存在でした。

しかし、それまでに柔道やレスリングの経

チントーの金的蹴り

チントーの鷺立ち卍受け、金的蹴り。

相手の前蹴りをすくい上げ、

腕を巻き込み、

肩に担ぎ上げ、

急所を蹴る。

験をしていた私には、小手先で手首や指を極める擒拿は、あまり強い興味を覚えませんでした。やはり関節を極めるならば「ガッチリと大きな関節部を極め、体で極めないと」という思いがあったのです。

台湾から沖縄空手へと移動し、沖縄の空手修行を行うなかでも、型の分解に関節技は存在していましたが、そのどれもが「古流柔術に似たもので、少々形式じみている」といった印象を持ちながらも、これも分解のひとつの形として練習したものです。

それが、ある出来事を経て大きく見解が変わりました。

それは、指導者として米国へ渡ったある日のことです。私の指導していた道場が、他の道場と組手の交換稽古を企画しました。

私自身は渡米後間もない日のことで、まだ

すべてに慣れていない状況での、未知の道場との交換稽古ですから容易ではありません。恥ずかしいところは見せられませんし、また、インストラクターとしては率先して参加し、皆を引っ張っていかなければならず、言葉もまったくできない当時22歳の私は、それなりの緊張感を持っていました。

交換稽古が開始して間もなく、私はその道場の茶帯と組手をしました。

相手は兎に角威勢が良く、またこちらが手加減をしたこともあり、アメリカ人らしくボクシングスタイルと体力でぶつかってきました。

こちらは指導者の立場ですから、相手に怪我をさせてはいけないので最初は適当にあしらっていたのですが、次第にエスカレートする攻撃に、「あまり調子に乗せると良くない」と思い、相手の攻撃に合わせて脅しでクロスカウンターの上段突きを顔先寸前に放ちました。

ところが勢いに乗っていた相手は、ガードもせずに突っこんで来ており、このままでは、まともに自分の突きが顔面に入ってしまうと思った瞬間、首の横の肩口にガツンといった衝撃を感じると、相手は呻き声をあげて後ろを向いていました。

そのときは自分が何をしたのか分からなかったのですが、私は自然に相手の突きをギリギリで肩口にかわしつつ、その突きを自分のカウンターの突きで上から抑え、丁度、肩口と上から腕で挟む様にして絡め打ちにしていたのです。

この瞬間、私は空手における関節技を見た思いがしました。

相手の突きに被せるように腕を引っ掛け、

組手の中で咄嗟に行った関節技。技とはそのとき現れたものなのだ。

極め倒す。

それは正しく私が練習していた型の分解を基にした技でしたが、重要だったのは、それが打撃として放った刹那に極まっていたことに大きな閃きを感じました。

それ以来、私は従来の型の分解で習う柔術的な逆手の極めを、空手の打撃一瞬で、相手の関節を打ち抜く技と兼用して修練することにしました。

こうした関節技は道場や試合のなかでは危険となり安易に稽古することは不可能ですが、それだからこそ型の中で練り込み、単独訓練のなかで学びとられていくものだと思っています。

第13章

空手の要「古武術」

古武術（武器術）は人気がない？

沖縄空手の特長に徒手空拳で行う空手と兼行して行う棒＝棍、サイ、ヌンチャク、トンファー、鎌等の古武術（武器術）の存在があります。

現在でこそ沖縄空手は日本本土でも普及し、それとともにこうした武器術も紹介され始めています。しかし、以前の本土の空手観といえば「空手は素手の武術」「素手を武器化する」といったものがほとんどで、古武術はあまり知られておらず、ときに習われていても、その位置づけは実践武道というよりは保存的な意味合いは否めませんでした。

また、沖縄古武道が空手とともに本土において発展できなかった理由に、空手の発祥の背景に登場する、沖縄独自の歴史があると言えるでしょう。

沖縄空手は薩摩が沖縄に課した〝禁武政策〟により、武器を持てない沖縄の人々が生み出したもので、更に農耕・漁猟器具を武器として活用したものが沖縄古武術の由来と言われていました（もちろん現在では、松村宗棍が薩摩で示現流を学び免許皆伝を受けていた他、身分の高い者が王宮内で日本刀を帯刀していたことなどが知られています）。

それはサムライ文化を背景に持つ日本の武道修行者に対して、沖縄空手の古武術は土着の民間武術、田舎武術といった印象を持たせ、日本武術のそれに比べて非常に単純で、あまり魅力的には映らなかったように思います。

また本土において広まった空手が、組手試合が中心であったことも、古武術への興味を削がせた面もあるでしょう。

古武術との出会い

そうした独特の背景を持つ沖縄古武術ですが、気が付くと棍やサイなどによる訓練や指導は、現在の私の空手稽古・指導の主格を成すものになっていました。

今、こうした状況を振り返ってみると、空手に出会った幼少期の頃から今日までに数回、こうした武器との出会いがあったようです。

私は空手を始めた小学生の頃から、どういう訳かこの古武術の存在を知っていました。

最初にその存在を知ったのは、１９６０年代の少年・少女漫画（『空手バカ一代』のずっと以前）でサイが登場する場面が数回あり、その形に大きな興味を持ったことを覚えています。

そして2回目の出会い。実際に実物を見たのは、知人に同行して訪ねた川崎の沖縄剛柔流道場泉武館へ稽古に行った時のことでした。そこで目の当たりにしたサイ・トンファー・ヌンチャクといった空手の武器の数々に、子供心に心が躍り、まさに長年探していた宝物を見た様な興奮を覚えたものです。そして、「いつかこれを学んでみたい」と強く感じました。

その後、数年を経て本格的に空手の稽古にのめり込んで行くのですが、残念なことに武器を習う機会はなく、組手を中心とした稽古を繰り返すなか、その存在も忘れかけていました。ところがある日、ひょんなことからサイを入手し、自己流ですが当時習っていた空手の型に合わせて稽古をするようになりました。

このサイは現在も私の手元にあり、非常に作りが悪く、鍵の部分に親指の関節が引っかかる問題児なのですが、なぜか手放すことができずにいます。これが3度目の出会いです。

4度目の出会いはブルース・リー主演の映画「燃えよドラゴン」でした。

この時代を知る読者の方々には、当時の熱狂ぶりを理解して頂けるものと思いますが、あの映画を通じて、これまで人々の注目を浴びることのなかった武術、空手、武器術が一挙にポピュラーなものになりました。なかでも劇中に登場したヌンチャクは大変な人気を博し、空手をやらない人間でもヌンチャクを振り回し、大変なブームとなりました。これを機に、ヌンチャクをはじめトンファーやサイなどの武具も入手し易くなっていったのです。

そんななか、多少へそ曲がりな私は、ヌンチャクへの興味よりも、映画で見た〝棒術〟の存在に非常に興味を持ちました。地味ですが、私には非常に素朴で実戦的に感じられたのです。

それから暫く続く一連のカンフー・空手映画に登場する武器術を見ながら、あの泉武館で見た黒光りする棒、トンファーやヌンチャク、渋い外形を持つサイなどの空手の武器術をいつか正式に学びたいと考えていました。

その希望の一片が叶ったのが、台湾へ拳法の修行に渡ったときでした。

これが5度目の出会いです。

既に述べてきたように、私は八歩螳螂拳の衛笑堂老師の所で修行をしていましたが、空き時間を利用して、他の少林拳の経験者から棍（棒術）の套路（型）も習うことができました。

それが私が初めて握った武器としての棒でした。固くズシッとした手ごたえにとても感動したのを覚えています。

そして6度目が沖縄での修行で、仲里周五郎先生の道場です。

私の最初の渡沖は短期間（二ヶ月）ながら毎日道場で5時間、自主練習で3時間といった過密なスケジュールで稽古を行っていました。

沖縄に渡る前に既に小林流の黒帯を允許されていた私は、直ぐに古武道の稽古の参加が許されました。一般的にはサイから開始し、じっくり時間を掛けて訓練するのですが、いきなりヌンチャクとサイの二つの稽古から始めさせて頂く幸運に恵まれ、更には先輩に棒や鎌などの指導も裏で受けていたものです。

苦しかった武器術の稽古

そうして始まった念願の武器術稽古ですが、その内容は想像以上に厳しいものでした。

当時、毎日道場でご指導されていた仲里先生は、とにかく余計なことは言わず、武器術も型の稽古と同じく「速く突け、強く突け」のみ私に投げかけてくるのです。

私もとにかく〝習いたい〟一心で、まさに全身全霊をもって動いていました。

おろし立ての新しいサイの紐が手と擦れマメができ、それが潰れ、皮膚が剥け、更にはサイの紐も擦り切れました。

ヌンチャクも同様で、八角形の握りの角が手に食い込み、サイとは別の個所が擦り切れて、血が木に染み込みました。そんななかでも「本当の稽古はこうしてやるものなんだな。やっぱり自己流では駄目だ。しっかり指導をして頂くこと、そして尻を叩いてくれる指導者がいないと習えるものではない」ということを感じ、厳しい稽古のなかで不思議な安堵感を得ていたものです。

そうした辛い時間がどの位続いたのでしょうか。

ふと気づくと、武器を振るのが辛くなくなり、〝思うより力とスピードが乗る〟という実感に変わってきました。すると繰り返し剝けていた手の皮も気にならないどころか、変わらずに稽古をしているにも関わらず回復してゆくのです。

武具に自分の力が伝わる実感と、武具その物が自分の動きを、強固かつスピーディーにしてくれている事実に気が付き始めました。

操る武具の先端に力と意識が集中し、そのスピードがドンドン加速してゆく感触があり、手は単にその武具と自分の体とを結びつけるロープの様な存在となっていったのです。

さらに驚いたのは、自分の振る武器の先端が「目標にピッタリと合う」という体感です。

計算や考えることなく、目標に手を伸ばすように寸分違わず、「武器が体の一部」と化している感覚。これらが不思議な自信とともに、確かな感覚として自分の体内に宿っていったのです。

武具は鍛錬器具であり、武器である

そうした実感を得ていくなかで、私のなかでひとつの結論が生まれてきました。それは、

「空手の武器術は鍛錬器具か武器なのか？」

という疑問に対する答えです。

これらの武器は実際に手にしてみると、どれもがそれなりの重量を持ち、更に力で振ればかなりの負担を体に感じるものです。実際、初めて触ったときには、〝これを武器として使うにはかなりの体力と技術が必要だな〟と思いました。

そのためなのか、これまで私が目にした資料でも、こうした武具が〝鍛錬器具〟として紹介されているものも目にします。

「重く扱いも難しい武器をどう扱うのか？」

習い始めた当初は、この疑問がまず頭にあり、いかにして解決するのか心配したものでした。

しかし、現実はと言うと「考える必要はない。とにかく速く強く振ってみろ」という単純で当たり前の指導を受けたのです。そしてそれは、本当に真意に則したご指導であったと思います。無我夢中で慣れない武器を振っているうちに、ある日突然、鍛錬器具であった武器が、文字通りの武器に変換されていったのです。

感覚的には「手中に収めた重い道具を持って移動する」という動作から「武器を目的物に投げつける、打ち付ける」という感覚の変化でした。

それは正に武器の重量が動きを抑制していた状態から、重量そのものが動きを加速させる助けへと変化する感覚的な転換であったのです。

武器で相手を打ち付けるということは、武器の先端にすべての力・スピードが集中していなければなりません。そこで腕に余計な力が入っていては武器を振るう軌道が狂い、スピードが鈍り、力も上手く伝達されません。しかし、武器と体を繋げる手の力が抜け過ぎてしまえば、武器は握りを離れ飛んでいってしまいます。そこでは徒手空拳の空手よりも高度な身体操作が必要となってきます。これは頭で考えて身に付くことではなく、とにかく動きだけに集中して力一杯反復練習をすることで会得されていく感覚なのです。

そうした動きを体感し、ふと気づくと振った武器がスピード・力を増しただけではなく、手の延長として的を当てる能力と、振り続けられる強い体も習得していたのです。

以後、私は武器術を用いた演武も多く行っていますが、自分でも驚くのは、こうした演武用の練習をこれまで一度もしたことがなく、すべてぶっつけ本番で、かつ如何なる状況の変化でもミスをしたことがなく、また〝ミスをするという心配を一度も感じたことがない〟、いわゆる精神の境地〝ゾーンに入り込む〟術も見出しました。

また、本書でも述べてきた、「拳はすべての指を柔軟、且つ強固に変化させる」、「指の機動性をフルに用いる」などの活用法は、こうした武器術の訓練のなかから養われるものなのです。

長器系武器と短器系武器

さて、改めて沖縄古武道の概要を見てみると、まず目につくのが棒を代表とする長い本体を持つ武具と、サイに代表される本体の短い武具があることに気が付きます。

私はこれを、

長器系武器
短器系武器

の二種類に大別して訓練をしています。

長器系武器には、棒、櫂（船のオール）、短器系武器には、サイ、ヌンチャク、トンファー、鎌が一般的で、その他にもベーチュリン、ティンペイなどの独特の武器もあります。

私が稽古で主に訓練・指導している物は先に挙げた各武器術ですが、これらの武器の訓練から得られる効果は非常に高く、正しく〝空手と武器術は両輪の輪〟であることを実感しています。

その具体例は後ほど紹介するとして、取り敢えずここではこの二種類の武器の特徴を考察してゆくことにしましょう。

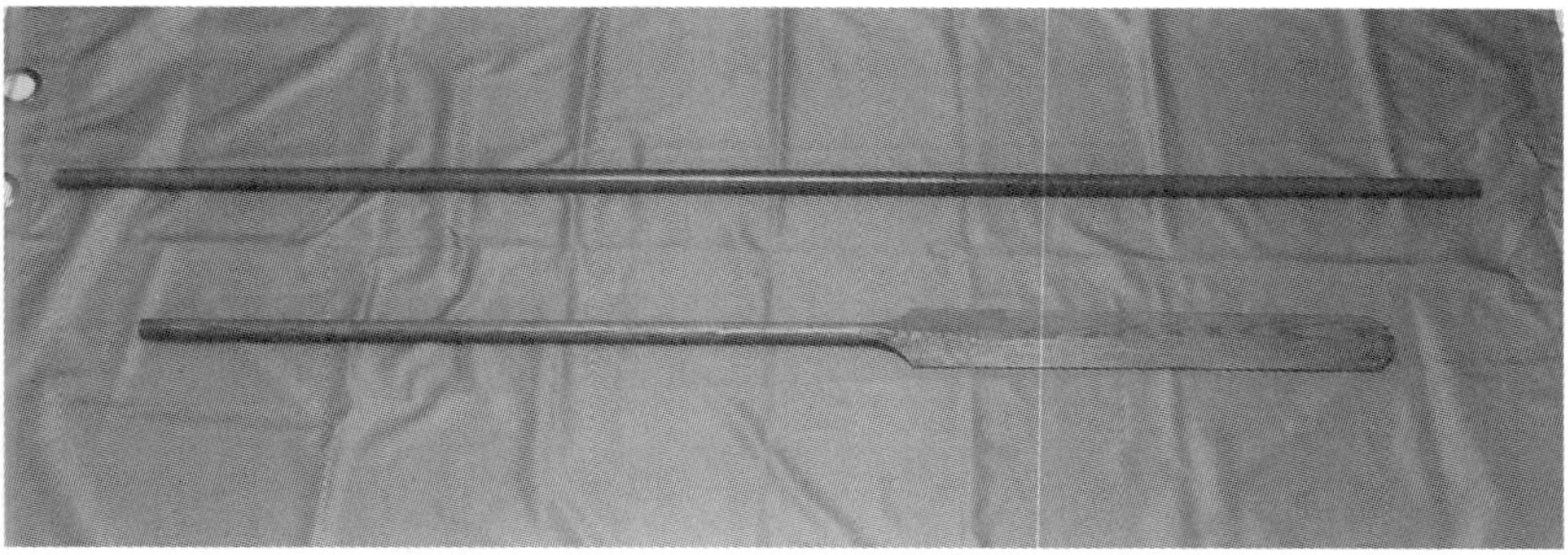

上から、棒、櫂（船のオール）

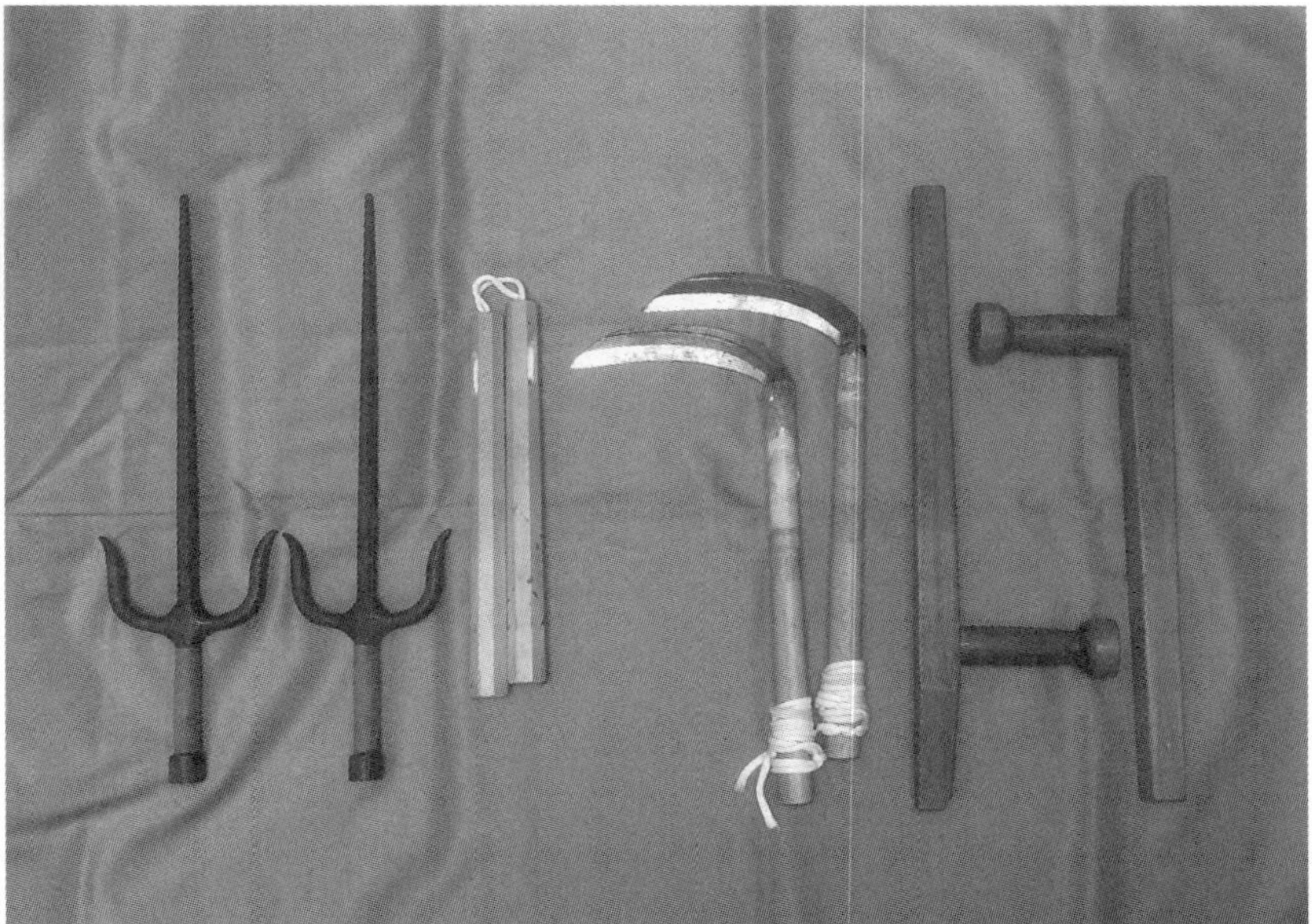

左からサイ、ヌンチャク、鎌、トンファー

ここで言う支持軸とは、両手が連動して動く際に生まれる結び目のような存在で、力を出す際の基準でありテコの支点とも呼べる存在である。古武術はこの中心軸を養い、両手を連動させる夫婦手を身につけるためのものと言える。

まず長器系武器はその本体の大きさから、武器を片手で扱うことがありません。

絶えず双方の手が武器の上に添えられて、細かい移動、握りの緩急、スナップ、締め、他の複雑な動作を繰り返しています。そして、左右の手は〝引手〟と〝打ち手〟に分かれて双方の活動を有効に組み立ててゆくことが不可欠になるのです。

それはあたかも徒手における〝夫婦手〟の活用法と同じ内容を持ち、その双方の手の相互活動は円形動作を基本とし、両手の間には目に見えない〝支持軸〟（双方の動きが力として繋がる中心）と言えるものが作られてゆきます。詳しくは後述しますが、長い武器を軽く振るためのテコにおける支点とも言えます。また大事なことはこの基準となる支持軸が、自分の体の外側に存在することです。

これは一見直線的な動作である〝突き〟でも同じです。円運動のなかにある半径・直径の延長、拡張の変化のなかで突きは行われると言っても過言ではないと思います。

そうした円運動のなかで力の支持軸を体得し、練り上げていくことに非常に有効となるのが両手で扱う長器系武器となります。

一方で短器系武器は、小さな武器を手の裡に収めて用いることから、手の裡や腕の側面に隠し持つ、〝暗器〟（隠し武器）として紹介されることもあります。

この短器系に属するものでも、サイやトンファーは双方の手に武具を握り、徒手の空手の動作と同じ用法で行われるものが一般的ですが、同じ系統のものでもヌンチャクは武器の両端を両手で握り、本体全体を一本の棒の様に扱うといった特殊性を持っています。また、それぞれに、

サイ　**空手に限りなく近い突き、打ち、受けを活用し、指の運動が激しく高度化する。**

トンファー　**徒手の動作に間合いが延長された振り打ちが含まれ、突き腕に関して肩から武器先端を貫く腕の動き、握りの緩急を学ぶ。**

ヌンチャク　**手首の活用と握りの緩急、腕の柔軟と締め、スピードとコントロールの養成。**

鎌　**正確な身体コントロール、指の活用法。**

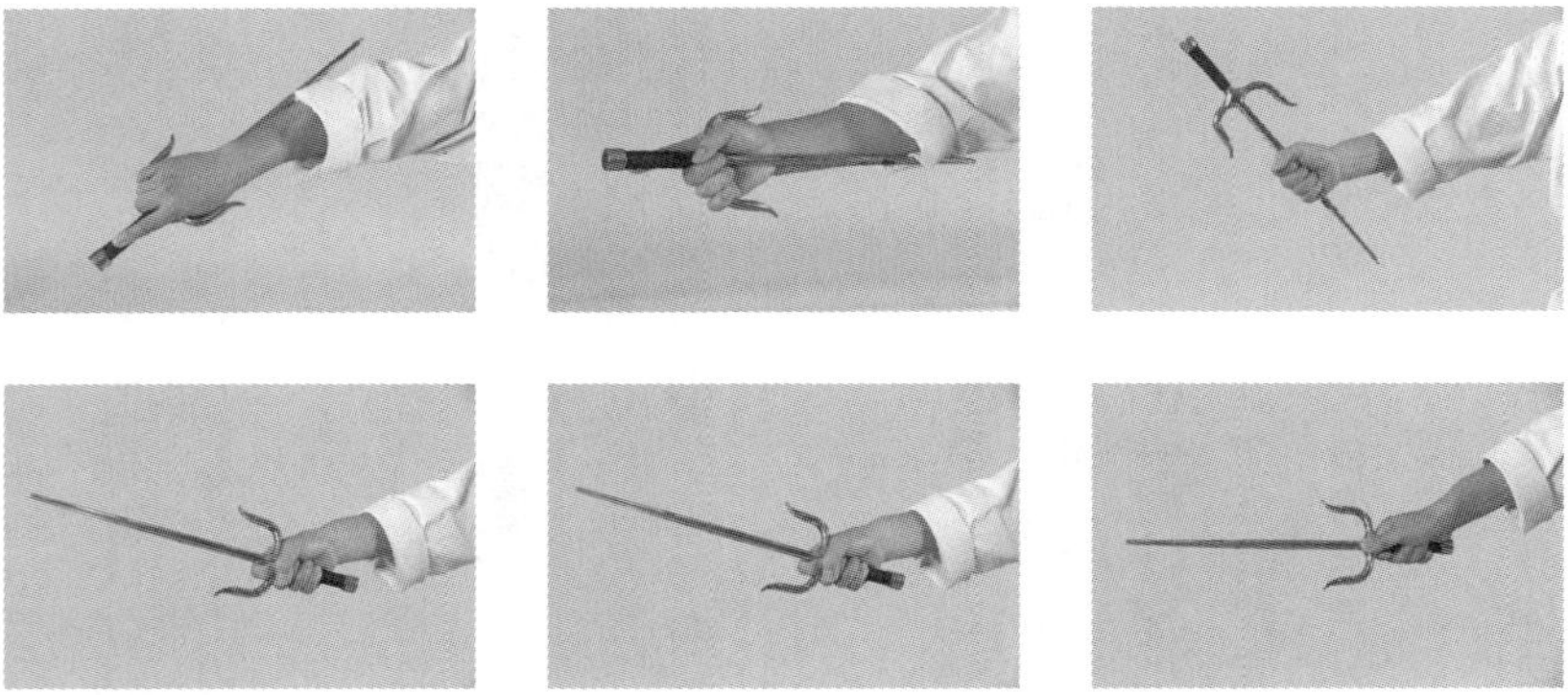

サイの持ち方６態。手を滑らせるようにして変化させ使う。

などが主な目的と言えるでしょう。何よりも古武術の重要なポイントとして、「使い方を誤れば自分自身を傷つける」という危険性が伴うことと、「習得には思い切り振る必要があり、小手先で振っても意味がない」ということです。

もちろん、思い切り振って扱いを間違えれば、武器は自分に跳ね返り怪我をしますし、そうでなくても慣れないうちは私のように手のマメが潰れ皮膚が裂けることもあるでしょう。しかし、本当に武器術を身につけるには、そうしたリスクは避けては通れず、その先に武術に必要な〝ゾーン〟があるのです。

指導者という立場で「リスクを冒せ」と言うことは難しいので、これ以上のことは語りませんが、武術を学ぶ上でどうしても避けては通れない領域があり、沖縄空手の古武術にはそのエッセンスが詰め込まれているのです。

ここで紹介した武具が、空手の武器として、また鍛錬具として、その双方の意味を成すためには、武器としての凄みを活かす高度な操作があって初めてその目的が達成されるのです。

武器と徒手の接点〝支持軸〟

さて、ここまで二種類に分けて沖縄古武術の武器の特色をあげてみましたが、ここで、

〝徒手の空手と武器術は両輪の輪〟

という言葉について検証してみることにしましょう。

古武術はこれまで、

〝沖縄で空手が発祥・発展したのは、禁武政策といった時代背景があり、同時に影響を受けて来た武器術は、同じ時代背景で生み落とされ発展してきた兄弟であり、お互

いに深い繋がりを持つ〟

〝棒のこの動作を素手で行うと〇〇の型と同じ体勢になる〟

などの見地で語られてきました。

私は歴史の専門家ではないので、かつての時代背景を基に起源説やその関係を知る由もありません。また、棒の姿勢と徒手の姿勢を照らし合わせて双方の関連を説くのも良いでしょう。

しかし、私がここで伝えたい徒手と武器を繋げる要素は、先ほどの長器系武器術で紹介した〝支持軸〟の存在です。

この支持軸は左右の手を連動させて動かすことによって生まれる中心であり、体の中にある正中軸から生まれた力を、外側への動きとして一定の方向性を持って発揮させるための〝外側の基準〟と言えるでしょう。私がヌンチャクや鎌で相手が咥えている野菜を狙い打つような、ミリ単位の正確な演武を行えるのも、この支持軸で目標を捉え、正中軸で爆発させた力を打ち出しているからです。極端なようですがこの支持軸で目標を捉えていれば目を瞑っても行えます（実際に目を隠した状態で行う両手振り鎌の演武を数多く行っています）。

基本、徒手で行う型はそれだけでも正中軸を養い、また夫婦手を基準として動くことで、この支持軸も養うことが可能なものです。しかし、人の手は非常に高度に進化した反面、それ故に自

「ヌンチャクを使った演武」動画（youtube）
https://www.youtube.com/watch?v=iJczc2sK_VE

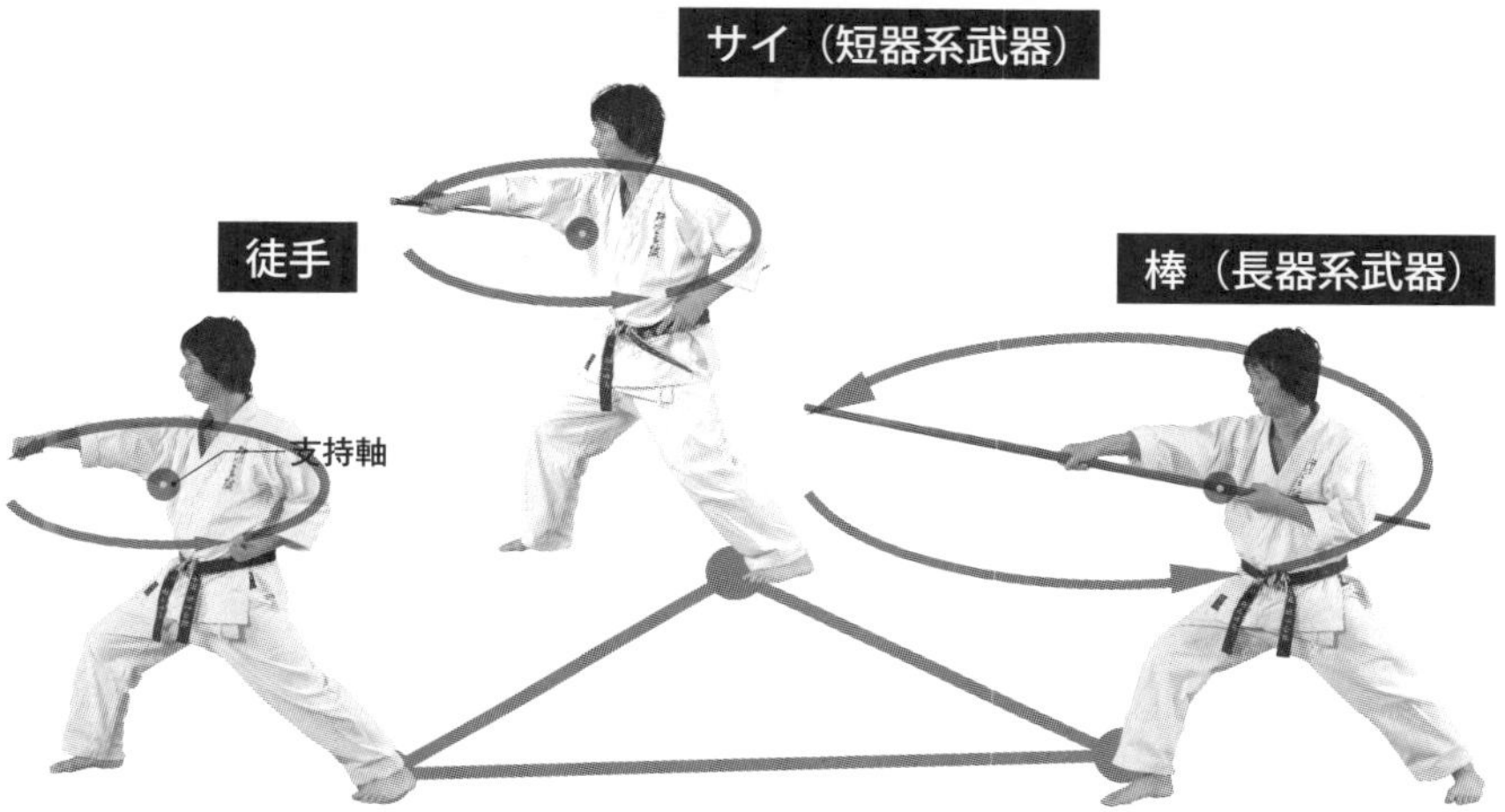

古武術で養われた支持軸は、両手の自由度が高い徒手にもそのまま基準として活かされる。正中軸で発生した力を目標に向かって打ち出す"照準"とも言える。

由度が高く、左右の手を連動させて使うことを難しくしてしまったとも言えます。

古武術の長器系武器は、こうした私たちの手を物理的に繋げることで両手を連動させて動くことを養うとともに、振る、打つ、突くといった動作を行う際の方向を明確にしてくれます。また、そうした動きのなかで両手の力の配分や、効率良く長い武器を扱うために必要なテコでもあり、動きの基準となる支持軸の存在を感得させてくれるわけです。

また短器系武器は、徒手と長器系武器の間にある存在で、ある程度重さのある武器を両手で持つことで、支持軸の動き幅にバリエーションが生まれ、長器系武器で養われた動きの正確性をいかに保つかという新たな課題が登場します。

もちろん長短を問わず、武器を扱う手の内

が養われることも大事です。私の感覚ではいずれも滑らせるように使うのがポイントですが、最初からそうした動きを目指すのではなく、できれば重い棒・サイを全力で振るうちに養うのが理想だと考えています。

支持軸にしても、これを体感するにはやはり全力で振るなかで生まれるものだと言えるでしょう。

また支持軸は武器や動作のなかで位置変化してゆくものです。古武術で様々な武器を使うのは、どんな武器を持っても、条件反射的にこの支持軸の位置が定まる武道身体を養成するためであり、そうして訓練された体はどんな武器を持っても、すぐに自分の体の延長線上に武器化できる応用力と発想を生み出します。それは持つものすべて、例えば鉛筆やベルトであっても即座に武器として使えるということです。

空手とはそうした汎用性のある身体を養うものであり、古武術はそうした応用力を養うものであるわけです。だからこそ、〝徒手の空手と古武術は両輪の輪〟と言われるのだと思います。

第14章 稽古について

空手には間違った動きはない、あるのは洗練された動きと未熟な動き

丁度この原稿に取り掛かろうとした矢先の稽古で、米国人生徒と大変興味深い会話をしました。それは私が黒帯数人にヌンチャクの型の指導をしていたときのことです。ヌンチャクを小さく八の字に連続して廻すところで、ある生徒が「ここの部分は何回廻すのですか?」と質問してきました。

「う〜ん、なかなか良い質問だな。ただ私も何回廻すかという指導をされたことはないよ」と答えました。実際、当時の沖縄の仲里先生の道場では、立ち方の名称さえ明確に教えられたことはありませんでした。そこで私は、

「何回でもいい。私の号令に合わせて、できるだけ速く、強く廻しなさい」と答えました。

それはそのまま、私がかつて仲里先生の道場で行っていたことでした。ヌンチャクの型に限らず、回数や腕の角度、歩法などについての指導は一切なく、ただただその号令のなかで〝全力、全速で最高に動く〟ことだけを言われ、稽古中はそれに集中しました。

そうしたこともあり、このヌンチャクの件だけではなく、基本的に指導では、「号令内でできるだけ正しい姿勢で速く強く動作する」

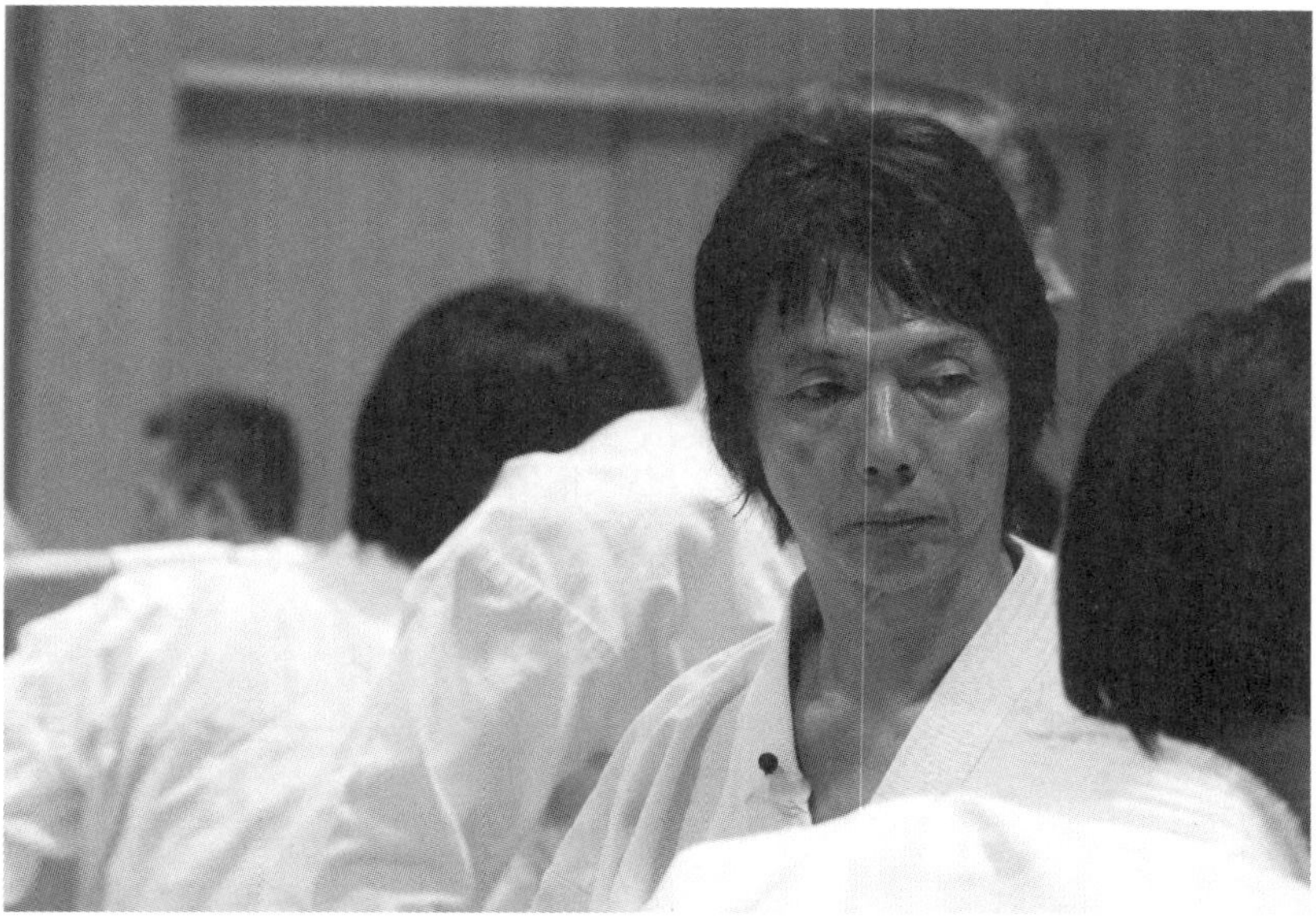
2017年、東京講習会にて

「まずは動いてみなさい、当たり前のことを一生懸命続けると、特別なものになる」

と言い続けてきました。

もし私が彼の問いに「4回廻しなさい」と言えば、それが「正解」として、インプットされ、生徒の「やりたい」という要求や、自らの探究心を邪魔してしまう恐れもあるでしょう。

このヌンチャク指導でのやり取りでの私の本意は、

〝貴方の振りが未熟ならばせいぜい3～4回の回転が限界でしょう。でも熟練してくれれば、一度の号令の間に6回は廻せる様になる。また、状況によっては3回でもよいこともある。

稽古とはそういうもので、もし私が「〇回」と言ってしまうと、自分で考えたり稽古から感じる力を邪魔してしまい「本当の向上の妨げ」になる可能性がある。

ただ初心のうちに大事なことは、他の人が適当な範疇で3回廻していたら、自分はその同じ時間のなかで、できるだけ多く廻す。その後に調整を学べば良い。そうした気持ちの差が実力の向上に大きく影響を与えるのだよ〃

ということでした。そこで彼には、その旨を伝えたうえで、

「稽古は省エネを競ったり損得で行うものではない。一般には是とされる、理屈や効率を求めることが正しいとは限らない。そうしたことを度外視して、文字通り無心で行う時間も大事。やり方は人それぞれだけど、同じ動作を繰り返すなかで、動きの質の充実を感じて、感覚を開いて、常に体全体で情報交換をしていることが空手の稽古。それが『当たり前にできること』を『別次元で行う』ものにするための訓練なんだよ。型を覚えることと、それを本当に自分のものにすることとは違う」

と答えました。

実際私はよく指導中に「先生と一緒に同じ動きをしているはずなのに何か違う」と言われることがありますが、それはそこに含まれている内容、充実度の違いが生んでいるのです。だから生徒が、5回廻している間に私は7回ヌンチャクを廻すことができるのです。

こう書くと近年の論理的な指導法から比べると、何ともぶっきら棒で原始的指導法だと思われることでしょう。しかし、空手はもちろん武道で大事なことは、頭で理屈を理解することではな

く、体が答えを見つけ実際に行えることです。頭の理解は、体が答えを見つけるためのヒントや工夫にはなりますが、そのまま答えではありません。

ヌンチャクを振る際に、握り方が悪かったり、腕や動きにブレがあれば速く、正確に振ることはできません。ヌンチャクを廻す・振るという運動自体を理屈で解析することはできるかも知れませんが、実際に振るために必要なのは、実行できるための体力や経験で磨かれたコツが必要になります。私自身が、マニュアルや具体的な指導がないスタイル（特に衛笑堂老師、仲里周五郎先生）の空手・武術を学んできたこともあり、それがそのまま現在の私の空手人生、稽古、指導に活かされています。その上で実感として感じているのは、

〝空手には間違った動きはない、あるのは洗練された動きと洗練されていない動きだ〟

ということです。

単純に突き蹴りだけを見れば、それなりに身体感覚の優れた人、例えばダンサーであれば空手の型を覚えることは容易でしょう。恐らくあっと言う間に、見栄えのよい突きや蹴りもできるようになると思います。しかし、その動きの洗練度やにじみ出る質はまったく異なります。そこには体がどこまで空手の法を理解しているのか、言い換えれば、「体が型になっているのか」が問われるからです。

だからこそ空手は単なる闘争の道具を超えて〝洗練された人間形成への道〟にもなっているのです。

そうした空手や武道の本来の在り方が近年大きく忘れ去られている様に思うのです。

もちろん「間違った動きは無い」とは言っても、初歩の段階では悪い姿勢や、直すべき問題があるのも事実です。そうしたものをまとめ上げるのもまた型の役割と言えるでしょう。

そうしたことを踏まえつつ、この本の最後に、改めて空手の〝稽古〟について、書いてみたいと思います。

スポーツ的思考と武道的思考

現在は情報が溢れ、様々なアイディア、理論、方法、回答、その他を簡単に入手することができる時代です。

空手もまた、そうした時代の流れのなかにあり、その影響から免れることはできません。現在は空手と一口に言っても、それぞれに異なった流派のもとで、様々な異なったスタイル・目的が存在します。

これを簡単に大別すると、

・スポーツ思考

・武道思考

の2種類に分けることができるでしょう。

ここで〝思考〟としたのは、単にアプローチ法の違いだけではなく、この二つの思考の違いが指導する側や学ぶ側の精神的側面や習得法に至るまで、あらゆる部分で異なった方法や目的を生み出していくからです。

基本的にスポーツは、何時、何処で、誰が、誰と、どんなルールの下で競われるかが事前に判っており、その優劣を公平な第三者の立ち合いの下で明確にすることを前提にしています。

そのためにスポーツの場合はルールを熟知した上で、そこで最も自分の力が発揮できる方法を見つけ、最適化（練習）することが勝利への道となります。その意味では、勝つために有効な練習方法が組み立て易く、マニュアル化も比較的容易です。

しかし、その一方で戦う土俵が明確に定められているが故に、勝敗そのものは拮抗し、最終的には体格やセンスを含む〝才能〟といった絶対的な壁や限界も生じるものです。

一方で武道と呼ばれるものはスポーツとは逆に、予測不能な状況を想定した世界です。戦いに際してはルールや審判も持たずに、時や場所や人数、武器の使用などすべてに決まりはなく、文字通り「いつ起こるか判らない戦い」に対応するためのものです。

スポーツでは「逃げたら負け」は当然ですが、武道では逃げることも当然選択肢の一つです。様々な状況のなかで、自分が生き残るために適切と思われる結果を生み出すことが勝利と成り得るもので、言い換えるならばそこには各人に則した何十通りの勝利の定義が存在するものです。そしてそれは身体的能力の才能よりも、人間そのものの器の大きさ、機転、熟練度、性質、他によるところも大きい世界で、才能よりも経験や機転、覚悟等の成熟度が大きく関わることになります。

この二つは前提が全く異なるものです。

ところが一般的には「どちらも戦うということに違いはないだろう」と思われ、一緒くたに語られることが多く、これが誤解や混乱を招いているわけです。

現在の空手はまさにこのスポーツと武術の狭間にある誤解・混乱の中にあると言えるでしょう。

こうした誤解が外部の人間、つまり空手を第三者的な立場から見ている人たちのものであれば実のところそれ程問題はありません。問題は空手を学ぶ人自身が自分が学ぶものが何であるのかを曖昧にしていることです。

2018年、オランダにて

これは「武術としての空手がスポーツとしての空手より上である」、あるいはその逆である、と言っているのではありません。スポーツとしての空手も武術としての空手も、どちらも学ぶ人がそこに価値を認めて学んでいるのであればそれでよいことです。

また、自分の興味や成長に応じてこの二つを行き来することや並行して学ぶことも良いでしょう。相乗効果でどちらにおいてもより深い学びが得られることもあります。私自身、数多くの試合を経験したことは武術としての空手を学ぶ上で非常に大きな財産になっています。

ただ、それだけに二つの違いを曖昧なままに行うと、却って自分の視野を狭めてしまったり空手の幅を小さくしてしまうことが少なからずあります。

くり返しになりますがスポーツとしての空手と

武術としての空手は、その目的が違います。まずその前提をハッキリ認識した上で行うことが大事であり、それが分かっていれば自ずと稽古の方法論も違ってくるわけです。

武道という制約の無い世界に必要なもの

では、実際に武術としての空手を稽古する上で、具体的に自分の能力を向上させるために必要な稽古法とは何でしょう。

そこで最も重要になるのが、本書のなかでくり返し述べてきた〝基本動作〟と〝型〟の訓練なのです。

制約の無い世界に必要なものが〝型である〟と聞くと、一見最も対局に位置するものだと思う人もいるでしょう。通常、自由攻防を求める人間は例外なく〝基本〟や〝型〟といった堅苦しい言葉を嫌うものですし、「そんな時間の無駄をせずに最初から実戦練習をやらせろ」というところでしょう。

しかし、実は〝制約の少ない自由な世界ほど、自己統制が重要なポイントである〟ということを、安定した管理型社会の日本ではあまり理解がされていません。また、そうしたルールによる

2017年、東京講習会にて

縛りが少ない自由な社会、少し前に日本で流行った「自己責任」が問われる社会で具体的な実戦能力を指導することは簡単ではありません。

例えば、現在私が移住しているアメリカは、この「自由」をスローガンに掲げている国です。しかし、この国で生き残り、強い力を手に入れている、いわゆる「エスタブリッシュメント」と呼ばれる人々は、非常に自己管理・抑制に優れている人達です。

彼らの多くは、物事を人生のスパン、長期戦で見ており、自分の価値観と教養をもって、確固たるテリトリーを造り上げて、それを守っていくことが、生きていく上で最も重要だと知っています。

それは勝敗はもちろんルールさえも第三者に拠らず、自己判断で生き残るための手段と方法を作り出していくという意味では、非常に武道的であり、私の考える空手の思想にも非常に近いものがあります。米国ではこうした「如何に生きるべきか」という土台の部分を空手に求めている人も少なからずおり、彼らにとって空手は単なる闘争の手段ではなく、生きた哲学として実社会に生かしています。

その哲学を一言で言えば、「どの様な状況や環境でも自己の能力を十分に発揮しうることを追求する武道としての空手」となるでしょうか。そのためには、そこで行われる稽古は、格闘技術でありながらも、ボクシングのように最初から対人を意識して行うものではなく、基本や型といった単独の動作を用いて〝自分を創る〟ことから開始し、その概念の基でさらに高度化される仕組みになっているのだと私は考えています。

現実の制約の無い世界のなかで必要となる、自己の軸をしっかりと保てる訓練を行うことが重要であり、空手の型はまさにその哲学が結実したものだと言えるわけです。

稽古について

さて、ここまで空手には〝二つの空手〟とも言えるスポーツ的思考と武道的思考の二つの潮流があると書いてきました。ここでは武道的な空手について、改めて私の思うところを書いておきたいと思います。

私はこれまで幼少の頃から空手・剣道・柔道といった武道に親しみ、高校時代から、台湾や沖縄に行き、直接古典的武術や武道のご指導も受けて、それが切っ掛けとなり、米国へ渡り空手指導を行いながら今日に至っています。

そうした自分の修行人生を振り返り考えるのは、「空手を実践していく者は、初心者も上級者も姿勢は同じでなければならない」ということです。

私は今日まで自分の空手の修行をするなかで、一時期は職業としてボクサーを選ぼうと考えたこともありました。しかし、そのとき空手の世界に留まった理由は、「生涯続けられる」「生涯現役でいられる」といった概念でした。

思えば幼少期に〝スーパーマンになりたい！〟と思って踏み込んだ武道の世界でした。当時の私は複雑な家庭環境もあり、子供心に辛い思いや苦しい経験をしていたこともあり、「強くなりたい」だけでは不足で、心底何にも負けない〝スーパーマン〟になりたかったのです。

当時は武道の情報もほとんどなく、ただ漠然と映画の「姿三四郎」や、漫画の『紅三四郎』などを読んで、そこに登場する武道を学ぶ主役達の人間的な強さに憧れ、何度も脳裏にその姿を想い描いたものでした。その後、様々なスポーツと空手の試合で賞を頂く機会もありましたが、やはり「自分が求めているものはこれではない」と、どうしてもそれに満足はできませんでした。

勝って賞品を貰っても、どこか納得できず、更に「その上を狙う」という方向についても、それに必要な多大な覚悟と犠牲を考えると、そこで得られるものと自分の人生とを結びつけて考えられませんでした。

「自分が心底、納得ができる結果や活動を求めよう」

そう考えたところから私の本当の意味での修行が始まったと言えるでしょう。

高校時代に渡った台湾では衛笑堂老師に武術の「肝」と言える部分を感じ、最後に訪ねた沖縄で「一生涯を賭けて追求する稽古、永遠に向上する訓練法」の存在を知ることになったのです。

それが台湾・沖縄で出会った套路であり型でした。

それまでは〝強さ〟というイメージに束縛され、柔道で言えば乱取り、空手で言えば組手といった対人を基に、相手に打ち勝つ具体的な技術論ばかりを追い求めてきていました。ただ、そうした技術やノウハウは、予め定められた条件のなかでは有効なのですが、それ以外の局面では通用せず、また自分のコンディションによって結果が変わることが分かってくると、そもそも自分が求めている不変的強さとは相容れないものを感じていたものでした。

何を以て日々、自分を研ぎ澄まし、強さを向上させていくのか？

それこそが型だったのです。

2013年、アメリカにて

もちろん、型自体は台湾や沖縄に行く前から知っていました。しかし、当時の私は「型は正確に動き、流儀を表現する儀式的練習」「昇級・昇段審査に必要な項目のひとつ」位にしか考えていませんでした。

それを覆したのは、本書のなかで何度も触れてきた沖縄の小林流・仲里周五郎先生のご指導でした。

とにかく「強く・速く動く、突く蹴る」の繰り返しで、どんなに全力で動いても「まだ遅い、まだ軽い」と言われる底なしのご指導でした。

一瞬一瞬、そのときの自分の持てる力を精一杯出す稽古の毎日でしたが、その結果が感覚に現れてくるのにはそう長い時間を必要としませんでした。

型の動きも分解も、まったく意識もせずに、ましてや何かの秘伝や現在の様な身体操作を意識するでもなく、とにかく全力で無心に型を行う訓練の中で、私は初めて「これは〝強い〟、〝凄い〟」という自分の底から湧き起こる実感を心技体で感じていました。

「何が自分の中で変化したのか?」「何を覚えたのか?」と聞かれても上手く答えられない変化。ただ動作の本質が確実に変わり、動く度に体内では力が爆発を繰り返し、それが拳足とともに風を切り、外部に発散する強力なエネルギーを生み出すことを実感していました。それはそれまで10数年の間、空手や他の格闘技では感じることができなかった、「初めて経験する充実感」であり、そのことは昨日の様に覚えています。

そうした力を組手や演武に応用すると、ここでも信じられないレベルの効果が表れました。

それから40年もの年月が過ぎていますが、今でも私の日々の稽古は〝当時得た感覚を基に型を行う〟ことが中心となっています。それだけではなく、致命的な体の負傷から、生死を懸けた病を経ても、大きな衰えを感じることなく、より経験に裏付けされた工夫へと向上しています。

少年時代、私の求めた〝スーパーマンの様な強さ〟も〝生涯を通じて向上する空手〟の夢も、私なりの実現を見て今日まで続いてきているのです。

そうした経験の上で今言えることは、空手における稽古はスポーツの練習=トレーニングとは異なる意味を持っているということです。

トレーニングとはひとつの目標に視点を当てて強化することであるのに対して、空手や武道における稽古とは、何か具体的な目標というより、広範囲に影響を与える自身の源泉的能力の開眼、それに結びつく原理原則に因んだ理を学ぶ行為と言えます。ですから二十代には二十代の空手が

2017年、東京講習会にて

あり、六十代には六十代の空手があるのです。学ぶ者はすべて〝現役〟であり、だからこそ空手の稽古は生涯をかけて行うことができるのです。

修行とは

では修行とはなんでしょう？　近代空手の世界において〝修行〟という概念は随分と忘れ去られてきている様です。

それは時代とともに、空手を学ぶ目的が競技、趣味、課外活動、他の様な娯楽を中心とした活動が主流となっているためと言えます。

そうした風潮から見ると私のスタイルは正反対だと言えるかも知れません。

それぞれに空手に対する向き合い方があって良

いと思いますが、空手には一時的な活動や娯楽としてでは理解できない、高い心技体の境地を求道するための方向性があると感じています。そして、それを継続して追求することが空手修行の醍醐味であるとするのが、私の空手の原点であり、それは指導活動を行う現在でも変わらず、指導もまた私にとっての稽古であり、自己の向上を目的とした実践であるからです。

また、私が空手指導を行っているアメリカでは、「生徒は先生の言うことを素直に聞く」「空気を読む」といった人は少なく、「すべて本気でやる」「先生は当然強く、こっちが全力でやっても大丈夫」といった風潮があり、内心「こんな小さい奴に負けるわけなどない」という態度である者も少なからずいました。

そうしたなかで私が自得したのは二通りの指導者の在り方でした。

一つは、

「指導者として相手の動きを口頭で注意して、正しいやり方を指導する」

もう一つは、

「相手のやることに付き合い、相手を完全に制圧・捌いた後に間違いを指摘する」

ということです。

こと成人の欧米人に有効だったのは後者の方法でした。彼らの多くは、何事も自分の感覚で価値を決める傾向が強く、言葉での指導よりも、明確に体感で伝える必要がありました。

これは教える側にも緊張感が必要で、約束組手や掛け手の訓練から、生徒が熱くなり、自分の得意のレスリング的な摑み合いに発展したり、いきなり顔面を殴りかかってきたりすることもよくありました。そうした際には、それが何であれ相手の動きを完全に制し、その上で落ち着かせて指導するわけです。

このとき相手を怪我させてしまうと、生徒であっても裁判沙汰になることもあるので、こちらはコントロールして行う必要があり、そのためには相手が「キレる」気配を読み、的確に動く必要があります。日本ではなかなかない経験でしたが、こうしたことが私自身の修行となり、得がたい学びの場になったことは間違いありません。

ここまで極端でなくとも、空手は生徒はもちろん、指導者もまた学びの場です。

万物は不変ではなく、絶えず変化を繰り返している。

それは沖縄空手においても同じです。

しかし、そこに流れる本質はいつの時代も変わることなく継続されていく価値のある素晴らしい文化であり武術・武道であると考えます。

そうした時代から時代へ移り変わる伝授の一端に、私の修行も微力ながら役に立つことを心から望みつつ、これからも修行に精進していくつもりです。

第15章

横山和正インタビュー

本章は2018年3月、著者・横山和正氏の癌が重篤な状態にあることが判明した後に、本書の打ち合わせのなかで行われた会話を元に構成したものです。

体のなかを創る

この本を含めて、空手や武術の本ではよく〝軸〟という概念が登場しますけれど、初心者に最初から「軸を意識しろ」と言っても絶対できるわけないですよ。ある程度決まった形のなかで動いていくことで継続的に（体の）中へ刺激を与えることで、氷が段々と、固まっていくようにできてくるものだと思いますよ。その中まで固まった状態が「体に軸ができた」ということで、一回中が固まってしまえばそう簡単に溶けない。ただそれにはそれなりの時間が必要なんですよ。

今の武道の世界全般を見渡して詰まらないのは、周りが薄く固まっただけの中が固まっていない状態で「出来上がった」と思っている人が多いように感じることです。

それは伝える側の問題もあって、私自身、自分の感覚を伝えるのにはやっぱり〝軸〟という概念で説明していますから（苦笑）。ただ読む人に分かってもらいたいのは、最初からあると思ってやるのではなく、ある種の指標として「いつか分かる」と思ってもらえればと思います。

結局、本当に分かるのは実際にできたときで、〝軸〟を創ったり意識できるようになることが目標じゃないんですよ。そういう身体感覚的なものは、空手を追求するなかで誰もが通る一過程で、空手の素晴らしさはそのずっと先に、そういう感覚が歳を取ってもどんどん、次から次へと自分のなかに現れることなんですよ。

パフォーマーとしての自分

私はプロの空手家なんです。アメリカで21歳からずっと空手で飯を食っている。だからある意味では私の空手は物凄くコマーシャルな部分があるんです。そのコマーシャルな部分というのは、本当だったらそこまでやらなくていいようなことでもやって、観ている人を「あっ！」と言わせてしまうようなところで、それは自分の持っている空手を基盤にしたものです。

よく「間が大事だ」と言いますが、それは別に何かを待つという意味じゃないですよね。実戦の場面ではやり取りを省いていきなり凄く強い突きをバンと決めてしまえばいいわけで、はったりとか必要ないとも言えます。

でも喧嘩というものの空間をある種の舞台と考えると、はったりも凄く大事で、逆にほとんどがその世界。そう考えると喧嘩も一つのパフォーマンスなんですよ。

アメリカは特にそういうパフォーマンスを要求される場面が多かったのと、それに的確に応えられないと生き残れないことがそういう感覚を養ったと思います。例えばアメリカで普通に試し割りをやっても、体の大きな連中がなにかやったらそっちの方が注目されるわけですよ。フライ級とヘビー級の試合が同時に行われていたら、どうしたってヘビー級の試合に注目が集まるのは当然でしょう。

そのヘビー級の選手に存在感で勝つためにはどうすればいいのか？　やっぱり考えるわけですね。そういう生き残りの世界でやっていくにはギリギリのところ、他の人が敬遠するようなことをやるしかなかったわけですよ。

そこで力になってくれるのが武道の能力なんです。

ただ、それを分かりやすく伝えないと意味がない。そこで私の場合は色々な演武を繰り返してきて、その一つが振り鎌とか刃物を使うことだったんです。誰もやらないしできない。最初は「空手より柔術の方が凄い」と言っていた奴に、「じゃあ、お前これやってみな」っと演武を見せると「いやあ、それは世界が違う」って、その時点で私の勝ちなんですよ。

鎌を振るうということは、そこでもう何針か縫うことは覚悟しているんですよ。実際に昔武器術のビデオを作っているときに、何針か縫う怪我をして、撮影の途中に病院で縫ってもらって、そのまま現場に帰ってきて撮影を終わらせたこともありますしね（笑）。それがプロで、プロである以上、人が一目置くことをやるのが仕事で、その凄さをある程度の形にして見せることもプロとしての自分の仕事だと思っています。もちろん一般の空手を学ぶ人にとってはそういうことは必要ないですよ。

また、ただ危険なことだから注目されているかと言えばそうじゃない。そういう危険なことをやるために必要なゾーンと呼ばれる心境に観る人を惹きつける力があって、ある種、武術の世界を垣間見させることができると感じています。ちなみに私はこれまで演武用の練習を一度もやったことがないんですよ。普段の稽古で養っている感覚で行っているから別に必要がないからなんですが、やっぱり「やるしかない」という場面で、パッと呼吸一つでそのゾーンに入れるというのは、空手活動を続けるなかで凄く大事なことだと感じています。

空手に強さを求めない時代

私が空手を始めた頃の空手は既に強い人がさらに強くなるために学ぶものでしたね。だから子供クラスなんていうものはなくて、小学生の私は全身痣だらけでした。お袋は驚いていましたけど、私自身は小さいながらも「これが空手だ！」と嬉しかったですね（笑）。

でも今の時代は空手に強さを求めなくなったように感じます。理由はK-1ができたり、MMA（Mixed Martial Arts　総合格闘技）が登場して、そのなかでは空手だけでは勝てなくなったのと、空手の人たちも、あっさりそれを認めてしまったからでしょう。それでは駄目だと思います。やっぱり空手の根底には強さがあって、その強さというのは試合で戦うためのものだけではなく、違う場面で必要になる強さがあるわけですよ。それをもっと空手側の人が主張しなければならないと思いますね。それは世の中が私の子供の頃から比べるとずっと平和になって、戦いというものが日常から遠ざかったから競技の世界の戦いがリアルなように感じているからなのかもしれません。だけど生きることはやっぱり戦いの連続で、空手は普段の生活のなかで生きる力を与えてくれるものなんです。そういう本質的な部分をもっと言うべきでしょう。

技術論的な身体操作がなんだというのが最近の流れで、そのなかで沖縄空手が注目されている部分もあると思いますが、それもまた空手が強さを追求するということから目を逸らしているように感じますね。

私だっていま極真の大会で優勝しろって言われたら、それはできないですよ。だけど強さというものを全部ひっくるめたら、私が一番強いと思います。それは相手も強いことを認めた上でね。最終的に「俺は負けないよ」と、そういう気持ち。強さというものについて、そう言いきってしまう人が今の空手の人には減ってしまった。強さに対して腰が引けているように感じます。

こう言うと論理的ではないけれど、それがなければ何もできないと思うし、競技を含めていちいち制限や枠組みをどこかから持ってきて自分をそれに当てはめる必要はないんですよ。

少なくとも私は「俺は負けないよ」という気持ちがあったからやっぱりアメリカにも行ったんだろうし、オランダでも受け入れられたのだと思いますよ。考えてみればなんの後ろ盾もなくポーンと行って、それでここまでやってきたというのは奇跡的ですね。

その甲斐があってオランダでも「沖縄空手というのは違うものなんだな」と感じ出したみたいで、そういう意味ではいま（自分が）こういう状態なのが残念ですね。

間合いについて

本文にも書きましたけど、間合いというのは感覚的な要素が強いんですよ。面白い芸人さんが絶妙な間合いで突っ込みを入れたり、矢沢永吉が唄うときにある声にならない声の部分とか、呼吸と呼ばれるものですね。例えば緊張した場面で、なにか一言気の利いたことが言えるだけでその空間がガラッと変わるじゃないですか。そういう要素を含めて間合いなんですね。

また、いわゆるフェイントの要素や一本組手で先の先を取るという感覚も入りますね。ただ相手より速く動くと言うことではなく、相手の挙動を引き出した上でそれを押さえるように動く。見えない誘いがそのなかにあったりと、そういうニュアンスも入りますね。

自分でペースを作って主導権を取るというのは重要ですね。ボクシングのジャブもその一つで、別にそれで相手をノックアウトするわけではないけれど、ある時間のなかで細かいパンチを当てて相手のペースを乱していくわけじゃないですか。

こういう間合いの感覚の稽古は対人も大事ですけど、一人で行う型の稽古が根本を作ると思います。やっぱり速く強く、自分の限界を徹底的に伸ばすのは型で、スピードをつければゆっくりも動けます。対人稽古で養う微妙な間合感覚も大事ですが、ある意味武術ってエゴイズム、相手の事情に左右されないで一気に最後まで自分のペースでやってしまうことが重要で、まずそちらがないと本当の意味では使えない。よく「攻防技術」と言いますが、本当は自分が防（御）になる場面がなく、相手が攻撃不能になるまで攻（撃）であることが主眼です。型はそういう力を養ってくれるものなんですよ。時々「そんな風に相手は攻撃してこない」ということを言う人がいますけれど、そういうお話の前に必要な力を養うのが型なんです。だから沖縄空手は型を大事にしているわけです。

また速さというのは相手との相対的なものですから、組手なんかでも速く動けば強いとか、技が決まるわけでもないんですね。時には凄く遅い動きの方が当てやすいこともある。そこで間合いの感覚が必要になるわけです。だけどそういう動きの緩急は型から学ぶことだと思います。

よく体格差について「相手が大きいと自分の技が届かない」という言い方をする人がいますが、それは無理に相手に合わせて届かせようとするからそうなるのであって順番が逆です。私はいつも自分よりも大きい人を相手にしてきていますが、自分が技を出すときには相手の大きさと関係なく、どの体勢が自分の力を最大限に出せるかということしか考えていません。そこを含めて主導権を握るのが空手で、自分の一番良い力を出せる体勢に相手を引きずり込むわけです。

そもそも体格差は競技であればクレームをつけられますが、現実にはあるのが当然です。そういうなかで技を極めるときに頼りになるのは自分しかないんですよ。どんなに優れた技を持っていても、姿勢が崩れていたら絶対に効くわけがありません。いかに自分のことを知っているかがどんな人間にも自分の技を効かせるために大事なことです。相手ではなく自分の姿勢がどうなっているか。ある意味で武道の最終的な境地で相手はどうでもいいんです。そういうなかで重要なのは心体揃った安定感、〝体の中身〟なんです。これがしっかりあると不思議なもので、自分が安定していると相手は不安定になってこちらの思うように動いてくれる。逆にこれが外側しか固まっていない中身のない状態だとやられてしまう。そういう安定感を養うのがまた型なんです。

型は感覚的（Sentient）な原理を磨く

いま思うと私が学んだ沖縄での型の訓練はセンティエント（sentient）＝感覚的なものを活用した訓練法だったと思いますね。本文にもくり返し書いているように、沖縄での稽古は理屈もなくただ「力一杯動く、最速で動く」といったものでした。説明なんて全然なくて、立ち方の名前もなかったくらいです。

逆に本土の空手はそうした名前を含めて色々なことがすごく整理されて空手というイメージに向かっていけるようになっている。多分それは本土で空手を広めるにあたって必要なことだったと思うのですが、そのなかで失われてしまったのが感覚的な部分だったと思います。

言い換えればイメージ（image）原理の本土の空手に対して、私の学んだ沖縄小林流の訓練法はセンティエント原理であるということです。

もう少し言うと本土の空手が〝空手〟というイメージを最初から持って、それに近づけるように構成されている。競技の違いはあるけれど、それぞれに学ぶ人はもちろん観る人にもある共通認識のもとに空手というものが成立していて、皆そこへ向かっていくわけです。

沖縄小林流の空手はそういうイメージに向かっていくのではなく、何もないところから自然発生してくる現象や感覚を蓄積して自分の空手を創っていくわけです。

型についても本当の空手の訓練を知らないままイメージで解釈してしまった部分があると思います。本当であれば〝一体自分たちはなんのために型をやっているのか〟ということを、自分たちの体のなかで熟成させることをしないままに、分かりやすいイメージでまとめてしまった。それはとても不幸なことだと思います。本当はセンティエントに、体のなかから沸き上がってくるものを感じるのが大事で、それはイメージしていたものとは全然違うものなんですよ。だから稽古のなかで自分の感覚を大事にするためにもイメージに縛られないようにして、素直に動いて欲しいですね。自分をイメージに当てはめて小さくまとまらないようにして欲しいですね。

本土では型の分解やその意味を考えることがよく行われますが、私が沖縄で学んだのはそういう型の意味は考えずに、とにかく動いているうちに自分の力の流れを感じて、常識的な〝普通の枠組み〟を吹っ飛ばして、違う次元に入ってしまうような感じ。技なんて動いた後に無限にできるようなもので考える必要もない。そういうクリエイティブな感覚を養うのが沖縄で得た型稽古だったと思います。

型の訓練はこうした感覚を様々な姿勢や動きのなかで感じ取る訓練法で、型が体の中に入ってくると動かそうと思う間もなく動くようになるんです。

この本の中で〝正中軸〟と言っているのはそうした感覚的な存在で、絶えずエネルギーを発生させ続けているモーターのようなものなんです。この感覚を磨き続けてさらに高度にしていくのが空手の稽古だと感じています。

正中軸について

もう少し正中軸についてお話しておきましょう。

本文に書いたように、正中軸は体を上下に貫く正中線に重なって存在するもので、立ち方（姿勢）によって太くなったり細くなったりします。もちろんこれは私の感覚的なものですが。

蛇足を承知でもう少しイメージを膨らませると、こんな感覚です。

本文では書いていなかったのですが、このモーターとも言える正中軸を発揮させるには、足指基本を四股立ちとナイハンチ立ちで行うのは、股関節（会陰）の開閉の操作と、それによって変わる力の性質の違いを体で感じさせるためと言える。

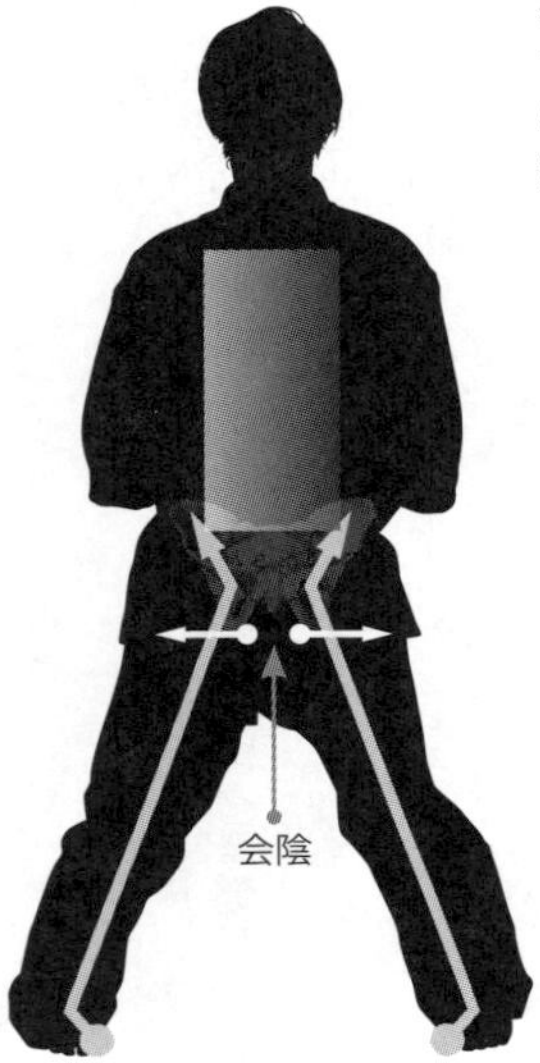

ナイハンチ立ち

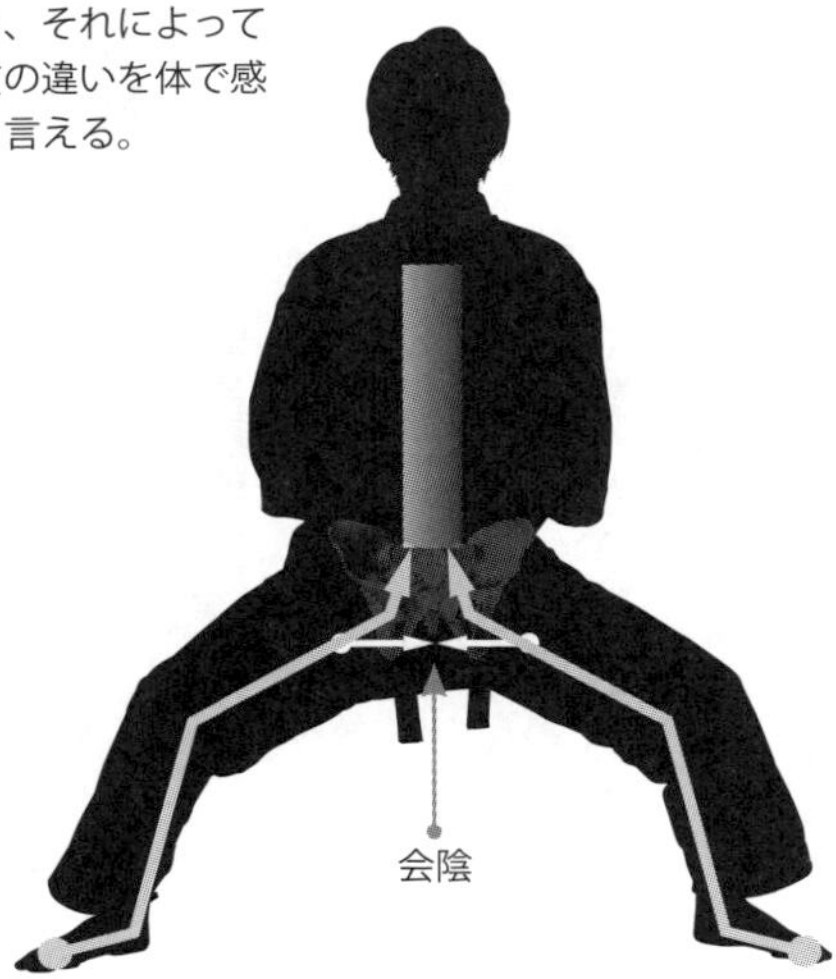

四股立ち

や足裏が非常に重要だと感じています。

足指を急ブレーキを掛けるようにして使うほか、足裏で床に杭を打つようにと様々ですが、いずれも足先だけの働きではなく、中心軸へ力を送り込む起点であり、また逆に中心軸からの力を発揮させて移動するもので決して部分的に独立したものではありません。

本文で重要な立ち方として登場するナイハンチ立ち、四股立ちでもこの足指・足裏への意識は大事ですね。

空手の立ち方は突き詰めれば股関節の開閉による、締めと開きにより生まれる力を感覚として体にインプットするものです。

例えば四股立ちの場合は足指を外に開き腰を落とすことで股関節（会陰）が締まり正中軸も締まる。その細く締まった正中軸を活用して、体を垂直に立てた状態で行う直突きの訓練は、突きの稽古であると同時に、全身に散りばめられたエネルギーを中心軸からダイレクトに拳先に集中することで、全身の力の流れを自覚する訓練法と言えます。

その逆に小林流における最初の型に登場するナイハンチ立ちは、足指を内側に向けることにより股関節（会陰）が開放され、正中軸が太くなります。これにより胴体の回転運動を強く支える土台が作られるのです。つまり四股立ちとナイハンチ立ちは裏表の関係と言えるでしょう。実際にはどちらか一方と言うことはなく、そのときに応じて変化させることは言うまでもありませんが、まずこの二つを型を繰り返す中で体に実感させる必要があります。

突きの稽古であって突きの稽古ではない。むしろ正中軸の感覚を養い、立ち方によって違いを感じることが大事。同じ理屈で足も動かすときにも正中軸の力で動く。いわゆる腰で動くとはそういうことを言っているのだと思います。

その際に大事なのが、〝正しく〟そして〝限界のスピード〟で行うことです。もちろん一通り型ができるようになってからですが。

この矛盾した要求を行うことが、普通を超えた力を身につけるために必要なことだと私は感じています。こう言ってしまうと根性論のように受け止められてしまうかも知れないのですが（苦笑）。私自身を振り返って、ある種の根性は必要だと感じています。ただ、惰性でやらないことが大事です。時々「突きを1時間連続でやった」というような話を聞きますが、個人的にはあまり良い稽古だとは思いません。そうした稽古はどこかでペース配分をして行いがちで、〝1時間突くための稽古〞になりがちだからです。私の感覚では、突いている運動の中間を感じないくらい、コマ落としや、フラッシュの光のようなイメージで突くことが大事です。稽古で大事なのは時間ではなくどれだけ集中して行えるか。

だからこそ姿勢が大事です。正しい姿勢で理にかなった動作は自然に体の内部を充実させて、その充実感が神経や脳に伝わり、新しい仕組みである〝空手〞が身に宿るのだと思います。だから私たちは空手家なんですよ。

空手の稽古が、単純な動きで足を止めて行う基本から移動を含む型へと進むのは、そういう段階を追って行えるように構成されているわけです。一言で言えば、姿勢と動作を摺り合わせていくことで、体のなかに散らばっているエネルギーをまとめ上げて、一気に爆発させるための訓練ですね。

それが最初から相手を想定した格闘技との違いです。まず、個人個人が独立した武道的な身体を創り上げてゆく訓練法なんですね。

空手について

空手がここまで自分のアイデンティティになっているのは、やっぱり家庭の影響でしょうね、あまり平和な家庭ではなかったので（笑）。〝このままではいけないな〟と、小さい頃から外に目標を求めたんですね。それが〝スーパーマンになりたい！〟ということで、そういう思いのなかで出会ったのが空手だったんですよ。本当に空手に出会わなければ頭がおかしくなっていたかもしれない、そのくらいの希望でした。

試合は随分やりましたし、ほとんど勝ちましたけど嬉しくはなかったですね。いくら勝っても自分の考えているスーパーマンの世界とは全然違うし、そもそも試合より道場の稽古の方がキツいわけで、試合に勝てても道場でやられては意味がないわけです。だけど道場で全然勝てない先輩が試合だと全然駄目だったりするんですね。理由はその先輩は試合で道場の組手そのままをやるわけです。私は試合のときは試合用の空手をやっていたので勝てるわけですけど、それ自体もなんだか変だと感じていて、〝その程度で勝ったり負けたりする試合ってなんだろう？〟と思ったのが当時の空手に対しての疑問でしたね。

帯はあがっていくけれど、「自分は空手の何を知っているのか？」と言えば答えられないわけです。その頃は大山倍達さんの影響もあって「型なんかやっても強くなれない」と思っているのだけれど、かといって自分が強いという実感がない。そこで中国武術を経験して、改めて自分のやってきた空手を見直したときに、自分がやっているのはただ体を鍛えてボコボコやっているだけだと気がついたわけです。

仲里周五郎先生について

仲里先生に習ったのは全部合わせて三〜四ヶ月くらいです。お金を貯めて何週間か沖縄に滞在して稽古をさせて頂くという方法で、滞在中は朝から晩まで道場で稽古をしていました。お会いしたときには先生が62歳で、とても可愛がって頂いて家にもよく呼ばれました。

仲里先生の空手については色々な人が色々な評価をしていますが、私は凄い空手家だと思います。なにより私にこれだけのものを与えてくれたという事実から感謝の念しかありません。

稽古については本文でも書いた通り「強く、早く」ということが一番でした。ただ、改めて考えると、この教え方は私だけというわけではないのですが、人を選んで言っていた気がします。人がいない午前の練習で、二人とか一人のときの指導だったように思います。

仲里先生がよく仰ったのは「形は綺麗だけどそこに力がない人が多い」ということで、先生ご自身は力を一生懸命出そうとされていたと思います。それは仲里先生の先生、知花朝信先生もそう仰っていたそうで、仲里先生のご自宅で習っていた当時のメモを見せて頂いたことがあるのですが「50歳まではうんと力を入れてやれ」と書かれていました。これは村上勝美氏の『空手道と琉球古武道』（成美堂出版）という本にも「50歳までは全力、60歳を過ぎたら調節しなさい」と書かれています。ですからユーチューブなどで観られる知花先生のゆっくりとした演武は歳を経た上でのことでしょう。少なくとも若いうちは全力、全速でやるべきだと思います。

沖縄では道場の稽古だけではなくて、演武や試合で色々なところに連れて行かれましたね。何故か本土からやって来ていた私に「演武をしなさい」「試合に出なさい」と言われて、よくルールを知らないのにルール解説をやらされて、そのまま試合をしたりもしました（笑）。結構滅茶苦茶なんですけど、一生懸命貯めたお金で来ていることもあって、どんなことでも全部吸収して、一番良いものを持って帰ろうと思っていたので、そういう経験も全然苦にはならなかったです。

アメリカについて

アメリカに行くことについては沖縄時代にはなんとなく予感があったかもしれないですね。道場の組手でも試合でも凄くアメリカ人受けが良くて、技が派手だったのだと思います。

渡米の直接の切っ掛けは、道場に来ていたアメリカ人に誘われたのと、仲里先生から「行きなさい」と言われたことですが、やっぱりブルース・リーの影響も強かったですね。動きが凄いということよりも、東洋人がアメリカで武術で成功できるというビジョンを見せてくれた人ですよ。台湾で感じた西洋人のバイタリティーに対して、どこか東洋人の自分との差を感じていたところへ〝ブルース・リーみたいな奴もいる〟ということに気づかされたんですね。

とは言え、最初は二、三年修行して帰ってこようと思っていたのですが、どういうわけかそのまま30年経ってしまった（苦笑）。

最初に暮らしたのは呼んでくれたアメリカ人の道場があるサンフランシスコでした。最初は順調だったのですが、色々トラブルがあって続けられなくなったんですね。「成功するまで帰ってくるな」とお袋に言われていたこともあって、「じゃあ東海岸に行ってみよう」と14万円で買った車で目指したらロスに行くまでにタイヤが取れて（笑）。結局、車が駄目になったのがテキサスだった（笑）。もう手持ちのお金も無かったので、とにかくなんとかしようと思って、空手の雑誌で試合の情報を見つけて賞金目当てに大会に出るようになったわけです。

当時は毎週末にどこかで大会が開かれていたのでそこにエントリーするんですが、酷かったですね。「よそ者を潰せ」と彼らは隠さないんですよ。基本ポイント制の当て止めということなんですけど、フルスイングで振ってくるし、こっちが軽く入れてもジャッジが取ってくれない。だからバンバン倒しました。そうしたらこれがお客にうけて、二ヶ月もすると会場で自分の顔が入ったTシャツを着た子供がいて、驚いて聞いたら知らない間に売店で販売していた（笑）。そうなるとそれまでよそ者扱いしていた選手達もコロッと態度が変わって（笑）。

正直車が買えるようになったらすぐに出ていこうと思っていたんですけど、そのうちに「うちの道場に教えに来てくれ」というオファーが沢山入ってきて、生活の基盤ができてしまって離れられなくなった。テキサスはいまでも嫌いなんですけどね（笑）。でも、どん底から空手で這い上がって、会場のお客さんから「イチバーン！（一番！）」というコールを受けたときに感じた、〝自分の目の前に光が見えた〟という感覚。例え今はホームレスみたいな生活をしていても〝将来は明るい〟という確信はいまでも覚えています。

そうそう、私が演武で行う刃物を使ったデモンストレーションが気に入ったみたいで、マフィアが開いている地下プロレスみたいなものに誘われたこともあります。実際は使っていないショッピングセンターのガラスをベニアで目張りした会場で、中に入ると立派なボクシングリングとその周りにポールダンスのステージがあって大きかったですね。

ボスは映画みたいにボディービルダーみたいなガードマンを数人連れていて、葉巻をくわえていて絵に描いたようなマフィアの親分でした（笑）。「リングでデモンストレーションを見せてくれないか」ということで、いきなり断るとマズいと感じたので、一回だけやりました。ただその後で、「自分はこの地域の子供を沢山教えているので、こういう場所への出入りは遠慮したい」と話したら、「分かった分かった」と納得してくれて。「ギャラだよ」と500ドルもらったんですけど、当時は助かりましたね（笑）。

本当に色々経験しましたよ（笑）。これまでこういう話をしなかったのは、誤解を受けることが多いからなんです。パフォーマンスは実際に見せれば納得してくれるけど、口での話はいくらでも嘘がつける世界ですからね、そういうのと一緒にされるのが嫌いだから。

空手家とは

私は今回こういう風なかたちで癌になりましたけど、自分が空手家であることに凄く誇りを持っているし、空手の凄さというものを物凄く感じてます。空手を学ぶということは、空手に成るということなんです。だから空手家なんです。本当に空手と自分が一体化しているものだと思うんですよ。だからその時点で覚悟ができている。

またある意味から言うとラッキーというのもおかしくて、ちょっと都合が良いお話かも知れないのですが、自分が衰えて、思うようなことが何もできなくなって、それで逝くのではなく、まだまだ自分が力というものを凄く感じている間に、こういう書籍とかのプロジェクトに前向きになってやっていられるなかで終えられるということは幸せだと思っているところもあります。

長生きがすべてだとは思っていないし、やっぱりどれだけ長く生きたかではなく、どういう内容の人生を送ってきたのかが自分にとって大事だから。そういうものを大事にしていなかったら、鎌なんか振っていなかったと思いますよ（笑）。自分が怪我しても、自分が危ない思いをしても、「やってやろう」という思い、元気があって、まあそれらしい人生を送ってきたっていうね。だから最後の最後までこれでいこうと思っているし。藍原（信也）さんが「横山先生は横山先生でいいんですよ。あんまり人に合わせようとしなくていいんですよ」と言うんですけど、「そうだな」

と思いますね。もともと人と合わせてきたわけでもないし（笑）。

本当に考えてみれば沖縄へ行けば「本土の空手家だ」とよそ者で、日本に帰ったら「お前は沖縄に何をしに行ったんだ」と言われて。今度はアメリカに行くと「日本人だから」と差別されて、また日本に帰ってくると「お前のはアメリカン空手だ」と（笑）、地元がないんですよね。

でも私が最初に沖縄に行った頃は「極真会館が一番だ」と言われていて、今はフルコンを含めた本土の人たちが沖縄空手に注目していることを考えると面白いですね。「君たちの何十年も前にこっちは目をつけてやってるんだよ」とちょっとは言いたいかな（笑）。

子供の頃に「スーパーマンになりたかった」と書きましたけど、いま改めて自分が思っていたスーパーマンよりも大きなものを身につけたという実感があります。経験という意味でも自分がアメリカで暮らすことも含めてです。

この時期にこういうことになるのは理由があるんだろうなとは感じています。

おわりに

最後までお読み頂いてありがとうございました。

いかがでしたでしょうか。

できれば読者の方々の様々なご感想も聞いてみたい思いで一杯です。

近年、空手は様々に発展した格闘技の流れのなかで、〝強さ〟という部分から目を背けてしまっている傾向が感じられます。

沖縄空手に含まれる身体操作へ注目が集まっているのも、そうしたシンプルな強さに対する評価を避けた果てに辿り着いた新天地であると私は理解しています。

しかし本来の空手は、小手先の技や理屈とは無縁な、心体を根本から変える、〝空手に成る〟ための訓練法です。

私にとっては空手こそが、真の強さを会得するために先人が残してくれた優れた道であると実感し確信しています。

今日空手を学ぶ機会は、私が初めて空手に出会った頃に比べて、飛躍的に増えました。そのスタイルも様々ですが、強さの実感や思想を失った空手は単なるエクササイズやレクリエーションと同じだと思っています。

もちろん目標は人それぞれで、それに意味がないとは言いませんが、それでは余りにもハードルが低く、また勿体ない。

〝強さ〟の概念は非常に広く、それ自体が奥深い世界であり、判らない人間には判らないものです。

空手を正しく追求することは、その〝強さ〟を身に宿すことであり、闘争の手段であることはもちろん、人生の中心となる柱となり、喜びも悲しみもすべてを支え、それを自分の糧として前に進む力にしてくれます。

だから空手を学ぶ者は「空手プレイヤー」ではなく「空手家」なのです。

空手を学び、知れば知るほど生き方そのものが空手と同一となり、あなた自身が独立した存在（家）となることを「空手家」という言葉は表現しているのだと私は思います。だからこそ、その家に人が集まり、時が来たらそれぞれがまた自分の一家を成すのだと思います。

私は21歳から今日の還暦を迎えるまで空手以外の職を持たずにここ

までできました。

こう書くと「何だ世間知らずの空手屋か」と言う人もいるでしょう。しかし、言葉も文化も異なる異国の地で空手だけで生き抜き、その世界で常に第一線でいるためには、一般の方の想像を超えた努力、経験、発想、才能、運、そして人間としての強さが必要です。

私は空手家として何の組織の後ろ盾もなく、単独で欧米を生き抜き、1988年にテキサス州を拠点として研心国際空手道を設立、以降、日米の雑誌、ラジオ・TVに出演し、DVD、書籍を出版、米国内邦字新聞の連載執筆を5年間務め、50歳を超えて米国でアクション映画俳優としてデビューもしました。これは、すべて空手が私に与えてくれたものです。

その土台となるものは、やはり日々の空手の稽古から宿る力・エネルギーの充実感にあり、そこから芽生える発想力などのすべてが私の活動の原動力となっています。

この「おわりに」はこれまで縁のなかった病院という空間で書くことになってしまいましたが、ここでもその充実感は計り知れない力となっています。

もうすぐこの作業も終わります。

最後に本書の企画・構成・出版をサポートしてくれた日貿出版社の下村敦夫氏と、空手に限りない愛情を持ち、本書籍の撮影の際に、バックステージの動画撮影を買って出てくださった藍原信也氏に感謝します。ともに過ごした有意義で楽しかった時間は深い余韻となって私のなかにあります。

そして本著を読んでくださった皆さんへ、ご精読頂けたことを感謝します。ありがとうございました。

私も更なる作品・瞬撃手を目指して頑張るつもりです。

ここで4年に渡り走らせてきた本書の筆を置くことに致します。

「有形は無形に至り、無形は簡要に帰す。原理原則を基とする」

“Form becomes formless, it returns to simplicity.
The Principle is the way.”

２０１８年5月　沖縄小林流空手道研心会館々長　横山和正

本書実技助手：矢口誠、福本雄介

沖縄小林流空手道研心会館
https://www.kenshin-kaikan.com/

著者

横山和正（Kazumasa Yokoyama）

沖縄小林流空手道研心会館々長。

本名・英信。1958（昭和 33）年、神奈川県生まれ。幼少の頃から柔道・剣道・空手道に親しみつつ水泳・体操等のスポーツで活躍する。高校時代にはレスリング部に所属し、柔道・空手道・ボクシング等の活動・稽古を積む。

高校卒業の年、早くから進学が決まったことを利用し、台湾へ空手道の源泉ともいえる中国拳法の修行に出かけ、八歩蟷螂拳の名手･衛笑堂老師、他の指導を受ける。その後、糸東流系の全国大会団体戦で３位、以降も台湾へ数回渡る中で、型と実用性の接点を感じ取り、当時東京では少なかった沖縄小林流の師範を探しあて沖縄首里空手の修行を開始する。帯昇段を機に沖縄へ渡り、かねてから希望していた先生の一人、仲里周五郎師に師事し専門指導を受ける。

沖縄滞在期間に米国人空手家の目に留まり、米国人の招待、および仲里師の薦めもあり 1981 年にサンフランシスコへと渡る。見知らぬ異国の地で悪戦苦闘しながらも 1984 年にはテキサス州を中心としたカラテ大会で活躍し ” 閃光の鷹 ”” 見えない手 ” との異名を取り同州のマーシャルアーツ協会の MVP を受賞する。1988 年にテキサス州を拠点として研心国際空手道 (沖縄小林流) を発足、以後、米国 AAU（Amateur Athletic Union　アマチュア運動連合）の空手道ガルフ地区の会長、全米オフィスの技術部に役員の籍を置く。

これまでにも雑誌・DVD・セミナー・ラジオ・TV 等で独自の人生体験と沖縄空手を紹介して今日に至り、その年齢を感じさせない身体のキレは瞬撃手と呼ばれている。近年、沖縄の空手道 = 首里手が広く日本国内に紹介され様々な技法や身体操作が紹介される一方で、今一度沖縄空手の源泉的実体を掘り下げ、より現実的にその優秀性を解明していくことを説く。

すべては基本の中から生まれ応用に行き着くものでなくてはならない。
本来の空手のあり方は基本→型→応用すべてが深い繋がりのあるものなのだ。
そうした見解から沖縄空手に伝えられる基本を説いていこうと試みる。

書籍『瞬撃手・横山和正の空手の原理原則』（BAB ジャパン）
ビデオ「沖縄小林流空手道 夫婦手を使う」･「沖縄小林流空手 ナイファンチをつかう」･「沖縄小林流空手道 ピンアン実戦型をつかう」「沖縄小林流の強さ【瞬撃の空手】」（BAB ジャパン）
Web site :「沖縄小林流空手道研心会館」
Blog :「瞬撃手　横山和正のオフィシャルブログ」

「瞬撃手　横山和正のオフィシャルブログ」
http://blog.livedoor.jp/kazuyokoyama/

コ2

本書はWEBマガジン コ2【kotsu】(http://www.ko2.tokyo/)で、2015年3月より2017年11月まで連載された、「瞬撃手が解く、沖縄空手『基本の解明』」を基に、加筆補正したものです。
WEBマガジン コ2【kotsu】では、武術、武道、ボディワークをはじめ、カラダに関することを情報発信しています。企画・執筆のご相談も随時承っていますので是非ご覧ください。

Twitterアカウント：@HP_editor
フェイスブックページ：https://www.facebook.com/ko2.web/

瞬撃《しゅんげき》の哲理《てつり》
沖縄空手《おきなわからて》の学《まな》び方《かた》

●定価はカバーに表示してあります

2018年5月31日　初版発行

著　者　横山和正《よこやまかずまさ》
発行者　川内長成
発行所　株式会社日貿出版社
東京都文京区本郷5-2-2　〒113-0033
電　話　(03) 5805-3303（代表）
F A X　(03) 5805-3307
郵便振替　00180-3-18495

印刷　株式会社ワコープラネット
カメラマン　糸井康友（カバー＆技術写真　※一部を除く）

落丁・乱丁本はお取替えいたします

ISBN 978-4-8170-6023-5　http://www.nichibou.co.jp/